La guerra de los sexos está por acabar...

con todos

Diseño de tapa: María L. de Chimondeguy / Isabel Rodrigué

Ilustraciones: Maitena Burundarena.

GABRIELA ACHER

La guerra de los sexos está por acabar...

con todos

EDITORIAL SUDAMERICANA
BUENOS AIRES

PRIMERA EDICION
Diciembre de 1998

SEGUNDA EDICION
Mayo de 1999

IMPRESO EN LA ARGENTINA

*Queda hecho el depósito
que previene la ley 11.723.*
© *1998, Editorial Sudamericana S.A.
Humberto I° 531, Buenos Aires.*

ISBN 950-07-1490-6

Autorretrato

Quiero agradecer especialmente a Beatriz Couceiro y a Maitena Burundarena —amigas del alma y socias de la pluma—, con quienes tuve la dicha de compartir algunos de los momentos más divertidos de mi vida, y algunos de los textos más divertidos de este libro.

ADVERTENCIA

El manual de *Avivando gilas* pertenece al archivo secreto de la doctora Diu, personaje de TV, híper-hembrista y conocida azotadora de machos. ¡Que lo disfruten!

Es evidente que la persona que planteó aquello de "tener un hijo, plantar un árbol y escribir un libro" no era una mujer.

Porque escribir un libro es una tarea demasiado parecida a la maternidad, para mi modo de ver. El libro y el hijo nos invaden de la misma forma absoluta, y una queda guardada en una especie de huevo junto a su criatura, sintiéndola crecer adentro, madurándola y madurándose en ella, bordándola, preparándola, reconociéndola y también sufriendo su crecimiento, ya que no es otra cosa que la antesala de la separación.

Me ha costado mucho parir este libro porque lo amo y me duele separarme de él. Aunque también —como a un hijo— concebirlo fue puro placer.

Pero el destino de los libros y de los hijos es el de volar con sus propias alas. Así que deposito este hijo en sus manos, confiando en que ya esté maduro para volar. Cuídenmelo. Que es mi primogénito.

De cualquier manera, y a pesar de los temores —en el fondo—, yo siempre creí que era una escritora genial.

Pero ésta es la primera vez que me dan la oportunidad de demostrar lo contrario.

¡Y no la voy a desaprovechar!

Memorias de una princesa judía

Autobiografía apócrifa

Yo nací en el Uruguay, porque en ese momento quería estar al lado de mi madre. Corría el año... el año no lo pensaba decir ni mamada, así que confórmense con saber que nací. Desde chiquita fui una niña muy despierta. No dormía, ni dejaba dormir a nadie. Y en eso colaboraba mucho mi hermanita mayor, que me incendiaba la cunita noche por medio. Mis padres no eran pudientes pero a mí no me privaron de nada. Yo tuve todos los complejos que quise. Pero mi llegada trajo alegría al hogar. Al verme la cara, toda la familia lanzó una carcajada. Desde ese momento tomé conciencia de que mi destino era hacer reír. Fui una niña prodigio desde chiquita. Me gustaba cantar y hacer imitaciones. Mi primer éxito lo coseché en la escuela imitando a mi ídolo de entonces, que era Lolita Torres. Este número tuvo tanta repercusión que Lolita Torres en persona me entregó como premio dos medallas. Una por boluda y la otra por si la perdía. En la escuela fui una alumna aventajada. Aventajada por las demás. Por aquella época, en el Uruguay la televisión todavía no existía, así que mi hermanita y yo mirábamos la radio. Me quedó grabado un aviso de una marca de leche que decía así: "La leche es vida, tómela usted y désela a sus niños". Mi madre lo tomó al pie de la letra y nos atosigó a leche durante toda la infancia, hasta que yo llegué a pensar que —si ésa era la vida— tal vez resultara mejor morirse de una vez.

Por aquel entonces, el sexo tampoco existía.

Todos nacíamos de repollos, o nos traían cigüeñas de París.

La versión más revolucionaria era la de la semillita plantada vaya a saber dónde.

Para mi desgracia, las hermanas mayores ya existían y yo tenía una, así que me pareció la persona más indicada para informarme acerca de cómo había sido mi nacimiento.

Me dijo que no sabía, porque yo era adoptada.

Así crecí, sanita de la cabeza, con una sólida formación acerca de mis orígenes animales, vegetales o desconocidos.

Para la hora de la primera menstruación, el evento me tomó tan de sorpresa que creí que había llegado el momento del juicio final. Pensé: "¡Esto debe ser la muerte!" (y le pegué en el palo).

Por suerte, mi santa madre decidió tomar cartas en el asunto esta vez, y me dio una exhaustiva explicación que disipó todas mis dudas.

Me dijo: "Ya sos señorita".

La palabra señorita —dicha con una connotación tan seria y asociada con la sangre— me dio una casi certeza de que estaba ante una "enfermedad incurable".

Aterrorizada, fui a buscar a mi papito querido a ver si él podía darme alguna explicación que me consolara un poco.

Mi papá estaba en la sinagoga, oficiando, ya que era cantor litúrgico, y a mí ni me dejaron acercarme a él ya que las mujeres en la sinagoga teníamos que ir al piso de arriba. Cuando le pregunté por qué, su respuesta me dejó helada.

Me dijo: "Las mujeres tienen que ir al piso de arriba porque pueden estar sucias con la menstruación, y no deben estar cerca de las Tablas de la Ley."

¡Así fue cómo descubrí no sólo que la menstruación era algo que me ensuciaba a mí, sino que hasta podía llegar a salpicar a Dios!

Desesperada, fui a ver al rabino de cabecera de la familia y le pregunté: "Por favor, dígame la verdad, yo sé que esto no tiene cura, ¿voy a tener que pagarlo con la vida?".

Pero él, con su infinita sabiduría, me tranquilizó: "Sí,

querida, pero no te preocupes, que se paga en cómodas cuotas mensuales".

Por aquel entonces ya había aumentado mi popularidad. Y mi peso.

Había dejado de crecer para arriba y había empezado a crecer para afuera.

Los primeros en notarlo fueron los varones, que me arrastraban el ala... y parte de la pechuga.

Se puede decir que en ese momento empezó mi carrera. Tratando de escaparle a mis compañeros que me corrían por toda la escuela, hasta que me encontraba con mi madre, que —indignada por lo que veía— me corría a patadas hasta mi casa.

Mi único consuelo era ir a llorarle a la cocinera, aunque la pobre no me entendía porque era analfabeta.

¿Quieren creer que recién a los 12 años descubrí que no era analfabeta? ¡Era extranjera!

Es más, tampoco era una cocinera, era mi abuela.

Ahí me di cuenta de la incomunicación que existía en mi familia y de lo poco que yo sabía de mis orígenes, y decidí averiguarlo todo.

Me puse a revolver los cajones del escritorio de mi padre.

Cuando encontré una foto del profeta Moisés autografiada y sentí culpa, me di cuenta de que éramos judíos.

Me tomó tan de sorpresa, que fui corriendo a preguntarle a mi madre: "¿Mamá, yo soy judía?".

Y mi madre, con la boca llena de dátiles, me contestó: "Sí, bequeña, bero también eres durca".

En eso llegó mi abuela, que al son de las castañuelas me dijo: "Judía y turca, pero de origen español..."

¡Pero entonces yo tengo más raíces que Kunta Kinte!

Así que yo era judía... ¡Con razón!

Era por eso que a veces oía a mi abuela decir: "Voy a guardar esto que ya no tiene nada".

Y que todos los años, en una fecha llamada Janucá, en mi casa se celebraba una fiesta ¡porque sobró aceite!

¡Era por eso que mi mamá vendía mis regalos!

¡Era por eso que no me dejaban entrar a la pileta de la Asociación Cristiana de Jóvenes!

Llorando a gritos fui a contárselo a mi abuelo, y él me aconsejó: "Pero hishica, tú diles que eres medio judía... ¡que te dejen meter hasta la cintura!"

Y así, debatiéndome entre la culpa y el remordimiento, llegué a la adolescencia.

Y con el despertar de la adolescencia, el descubrimiento del sexo opuesto.

La primera vez que me enamoré para siempre, mis padres se opusieron débilmente.

Ahora, la segunda vez ya se opusieron mucho más fuerte.

Me di cuenta de que en mi casa eran opuestos al sexo opuesto.

En realidad eran opuestos a todo lo que a mí me gustara.

Me sentí tan incomprendida y desesperada de la vida, que recurrí a mi hermana en busca de ayuda.

Pensé que era la persona indicada para aconsejarme porque en ese momento estudiaba filosofía.

Sostuvimos largas charlas en las que ella me demostraba que yo no existía.

Comprendí que estaba sola en el mundo. Que mi único contacto con la realidad era la fantasía. ¡Las horas que pasaba en el cine del barrio, gozando con el sufrimiento ajeno!

Lentamente me fui perdiendo la poca confianza que nunca me había tenido. ¿Pero, por qué tenía que ser todo tan difícil? —me preguntaba—. ¿Justo a mí me tenía que tocar ser como soy?

Fue en ese entonces que el Arte llamó a mi puerta.

¡Le abrió mi hermana y le dijo que yo no estaba!

¡Pero será posible!... Sentí que tenía tanta mala suerte que el día que fuera famosa... ¡no se iba a enterar nadie!

¡Ahí mismo decidí cambiar!

Si Mahoma no va para allá... ¡que venga para acá! —pensé—.

Tendré una nueva vida, ...trabajaré,... seré independiente.

Resolví que ya era hora y, aunque estaba muerta de miedo..., ¡me fui de mi casa!

A los quince días... cuando mis padres notaron mi ausencia... la casa se convirtió en un quilombo. Todos gritaban y daban órdenes contradictorias: "¡Llamen a la policía!", lloraba mi madre; "Llamen al rabino", gritaba mi padre; "Llamen al novio", aconsejaba mi abuela. Finalmente mi hermana se hizo cargo de la situación y calmó los ánimos con una propuesta que tranquilizó a toda la familia.

¡Cambiaron la cerradura!

> *No se nace sino*
> *que se deviene mujer.*
> SIMONE DE BEAUVOIR

Mi suerte estaba echada... y yo también.

Pero la mujer que había en mí, estaba por nacer y yo tenía que atender el parto.

Puse a hervir el agua...

Me estaba convirtiendo en una mujer, pero ¿cómo debía ser una mujer?

Me di cuenta de que no sabía cómo era ser una mujer porque todavía no había conocido el amor.

Ahí empecé a desear conocer los goces del amor.

Quería alcanzar esa felicidad que sólo da el amor.

Quería vivir el éxtasis de la pasión.

¡Quería verle la cara a Dios!...

Y eso... en aquella época... ¡se llamaba matrimonio!

> *Las mujeres judías no creen*
> *en el sexo después del matrimonio.*
> WOODY ALLEN

Recordé los consejos de mi madre... que me advirtió que mi marido me iba a querer... "molestar" a menudo, pero ella me enseñó a distraerme y pensar en otra cosa. Y ése era el precio que había que pagar por el matrimonio —me dijo—. Él me daría su apellido, y yo —a cambio— le tenía que entregar mi cuerpo. En ese momento no parecía un mal negocio. Si igual yo no sabía qué hacer con él.

EL ORGASMO NO ES UN BICHO

Mamá, mamá... ¿qué es el orgasmo?
¿Lo qué...é...é...?...
Papá, papá... ¿qué es el orgasmo?
Salí de acá... ¡degenerada!
Tío... ¿qué es el orgasmo?
Eh... eh... ¿el orgasmo?... Bueno... es... eh... algo que me recuerda a... ¡los mejores momentos que viví!
¡Ah!... ¿Y a vos tía?... ¿Te recuerda algo la palabra orgasmo?
¡Sí!... me recuerda los mejores momentos que vivió él.

* * *

Me di cuenta de que —por el lado de mi familia— yo no iba a poder obtener ninguna respuesta satisfactoria para el tema del sexo, así que me fui a ver a mi mejor amiga, Becky, y ella me avivó de todo.
Me dijo: "Mirá muñeca... las mujeres, con el sexo, tenemos sólo dos posibilidades: ser vírgenes o ser frígidas."
¡Vírgenes o frígidas!... ¡Qué panorama!
Yo elegí la frigidez.
Que era igual que la virginidad, pero, por lo menos... ¡conocía gente!

El flechazo

La frigidez no existe.
Son los padres.

Nunca había visto a un hombre con actitudes tan definidas.

En toda la noche no me quitó la nuca de encima.

Ahí me di cuenta de que era el hombre de mi vida.

Era lindo como Omar Shariff cuando era lindo, y confiable como James Dean manejando un Porsche.

Lo conocí en una fiesta en casa de unos amigos.

Estaba en un rincón con cara de "vengan a buscarme que yo no puedo solo".

Verlo y amarlo fue sólo uno.

Fui corriendo a contárselo a mi mamá y ella enseguida me dio el visto malo.

Pero a mí no me importó.

Decidí que ése sería mi hombre, contrariando las opiniones de todos.

Incluyendo la de él.

La primera vez que hicimos el amor tuve que esperar hasta las siete de la mañana, cuando ya no le quedaba nadie de quien quejarse.

Pero yo estaba tan enamorada que sentía que iba a tocar el cielo con las manos.

Aunque confieso que me hubiera conformado con que me hiciera ver algunas estrellas.

Lamentablemente, al cabo de un tiempo me di cuenta de que era un inmaduro.

Él tampoco me comprendía.

Mientras hacíamos el amor, ¡no me dejaba ver la tele!

Y a pesar de que muchas veces interrumpí el acto sexual para aplaudirlo, él nunca estaba conforme.

Me empezó a llamar Pinocho porque decía que cada vez que yo tenía un orgasmo me crecía la nariz.

Eso era injusto.

¡Si yo creía que el orgasmo era una planta mitológica de la familia de las faláceas!

Y yo nunca le dije que él era un mal amante, porque sería incapaz de juzgar a alguien por algo que hace en un abrir y cerrar de ojos.

Además él no me hubiera escuchado porque enseguida se quedaba dormido.

A veces, cuando se enojaba, me acusaba de ser cerrada como una ostra.

Según él, tenía que hacer una fuerza tremenda para abrirme, y, cuando lo lograba, en lugar de sacar una perla, había que ponerla.

Poco a poco se fue perdiendo el diálogo.

Él se pasaba horas escuchando los discos de Marcel Marceau y no me dejaba hablar porque decía que lo distraía.

Me pregunto: si nos queríamos tanto, si nos llevábamos tan bien, si nos admirábamos tanto, ¿por qué nos fuimos a vivir juntos?

Aunque teníamos tantas cosas en común.

Las mismas inseguridades, los mismos miedos.

Pasábamos horas contándonos nuestros fracasos.

Y aquellas maravillosas noches en vela, comentando acerca de toda la gente que nos había rechazado en el día.

Eramos tan apegados que no podíamos vivir el uno sin el otro.

Él solía decir: "Nosotros no nos casamos, nos cosimos".

Hubo un momento en que todo pareció solucionarse, cuando lo convencí de que empezara a trabajar. Pero a los quince días dejó el empleo porque no le quedaba tiempo para deprimirse.

¡Aunque era tan empeñoso! Se levantaba bien temprano, así el horario de depresión le rendía.

Ahora que lo pienso, nuestra pareja pudo haber resultado un éxito de no ser porque resultó un total fracaso.

Yo me enamoré porque buscaba mi opuesto complementario.

No me complementé en nada, pero encontré el más opuesto que había.

Un buen día, él me dijo que yo no tenía vuelo y se fue con una azafata.

Lo primero que hice —ni bien me separé— fue comprarme un coche, porque yo algo tengo que manejar.

Pero después pasé años mirando fútbol por televisión, sin darme cuenta de que él ya no estaba ahí.

Todo esto fue muy doloroso, pero yo no le guardo rencor; es una etapa superada.

Por mí, que sea muy infeliz, yo no le deseo ningún bien y ojalá que no pueda rehacer su vida.

Aquellos caños trajeron estos lodos

La desinformación acerca del sexo —producto de la moral represiva de la época— ha dado más de una generación de frígidas totales o parciales, para las que el sexo ya nunca podrá ser lo que realmente es.

Pero —como diría mi abuela— "aquellos caños trajeron estos lodos", y hoy nos encontramos ante el fenómeno opuesto que —a mi juicio— no hace más que continuar el desorden establecido.

El sexo es Dios.

Hay que sacarlo del oscurantismo y ponerlo a la luz. Enciendan los reflectores. ¡Luz, cámara, sexo!

¡El sexo es libre, el sexo es bueno! El sexo es TODO, y allá fuimos las mujeres, sacerdotisas de la nueva divinidad, a poner el cuerpo diciendo: "El sexo soy yo".

Reprimidas durante siglos, sin derecho al goce, guardando la virginidad como único tesoro, de golpe dijimos: ¡basta! y nos adherimos al desborde, pensando que ésa era la manera de acceder al tan ansiado placer, sin darnos cuenta de que represión y desborde eran las dos caras de una misma moneda: falsa.

Contentas como vacas de la India, los clítoris al viento como banderas de la nueva "libertad" sexual, pusimos la otra nalga para el cachetazo, convencidas de que las cosas habían cambiado.

Y no quisimos ver que el negocio era el mismo.

Primero fue una tiendita y después un supermercado.

Pero la mercadería era la misma.

Y los dueños también.

El culto
a la
belleza

"La mente de la mujer
ha sido modelada por el lifting."

NAOMI WOLF

El SUPERMERCADO DE LA CARNE

Es bien sabido que nuestra sociedad impone a los hombres ser exitosos y tener dinero, y a las mujeres ser lindas. Esto no es nuevo, si bien —a partir del auge de la revolución sexual— ha tomado aristas diferentes.

Ser linda ya no pasa por tener una cara y un cuerpo más o menos agraciados, sino que se ha transformado en algo mucho más exigente: ser una presa más apetecible en el supermercado de la carne.

El juego es "versa y viceversa" —como diría mi abuelo—, ya que mejorando nuestra mercadería podemos aspirar a un mejor precio en el mercado y, a su vez, el comprador más poderoso es el que se lleva la mejor mercancía.

Pero yo no estoy aquí para hablar de los problemas de los empresarios, así que aboquémonos a las dificultades de las trabajadoras de la carne, o sea, las mujeres.

Si bien durante siglos hemos tenido que poner el cuerpo al servicio del sexo, antes se hacía en una transacción más íntima, un cuerpo a cuerpo, generalmente en la exclusividad de un matrimonio al que ni la muerte separaba, y casi siempre a media luz.

La venta se producía prácticamente a ciegas y el comprador intuía más que veía lo que compraba, ya que por aquel entonces no había manera de probar hasta que la venta no estuviera consumada.

¡Y ni hablar de devolver el producto!

Si no les gustaba, a arreglarse como fuera, pero la plata no se devolvía.

La mujer se entregaba pasivamente a ese destino, y generalmente pasaba de la casa de su padre a la de su marido sin haber podido insultar a ninguno de los dos.

Pero todo aquello es historia antigua.

Las mujeres ya hicimos nuestra revolución, que desterró para siempre la dependencia con el macho.

Ahora *nadie* nos obliga a *nada*.

Somos dueñas de nuestras propias decisiones y de nuestro propio cuerpo.

¡Basta de trabajar de paquete!

¡Basta de dejarse manosear por un padre o por un marido!

¡Ahora el único que nos manosea es el masajista!

Porque a decir verdad —qué dura se puso la cosa— ¡ahora toda la mercadería está a la vista!

Y no hay disfraz que valga: la vidriera exige los culos altos, las panzas chatas, las tetas duras, los brazos fuertes, las piernas firmes. ¡Fir... mes!

Las mujeres huimos de la cocina para meternos en la Legión Extranjera.

Pero por propia voluntad, ¿eh? Y con la frente bien alta.

Nosotras solitas cambiamos la aspiradora por la lipoaspiración, la costura por la cirugía, el horno por la lámpara solar, la limpieza de pisos por la limpieza del cutis y la casa por el servicio militar.

Porque —lo admitamos o no— estar en línea es el servicio militar femenino.

Y mi consejo para las que tengan pie plano es que lo hagan igual, porque ¡estamos en guerra!

El mercado está que arde, mercadería es lo que sobra y el exceso de oferta no hace más que abaratar el producto.

Pero a nosotras no nos importa nada porque estamos disfrutando de nuestra tan ansiada libertad.

Por fin supimos para qué teníamos el cuerpo. ¡Para cambiarlo!

Con masajes, gimnasia, corridas, pesas, dietas imposibles y sacrificios estériles.

Me pregunto: ¿Existirá en el mundo una tortura peor que la gimnasia?

¿Pasarse horas, días, meses, años, saltando, corriendo, sudando como beduinas, para poder sacarse de encima el plato de ravioles del domingo?

Yo, que tengo alma de gorda (y mi cuerpo no tiene

nada que envidiarle), me puse a hacer gimnasia como hago todo, a lo bestia, tratando de eliminar en un día cuarenta años de carbohidratos.

El resultado fue una contractura a la altura de la primera cervical que me dejó semihemipléjica.

Arrastré como pude mis restos hasta la camilla de mi manosanta y le conté: "Aníbal, vengo destrozada, tengo un dolor en los hombros como si cargara una pesa de setecientos kilos. ¿Qué será?".

Y él, sin disimular el asco, me contestó: "¡Es su cabeza, señora!".

¿Y las pesas? Uno de los escasos privilegios que tenía la pareja patriarcal era que ellos nos llevaban las valijas.

Y ahora vamos nosotras cargando kilos de plomo con las piernas, alimentando el sueño del colaless.

Pero, ¡ésas sí que dan resultado!

Matemática pura: si hacemos mil quinientas flexiones por día, levantando diez kilos por flexión, en un año se nos sube medio milímetro el culo.

¡Negocio redondo! ¡No me digan!

Pero al cuerpo hay que cuidarlo, porque es el símbolo de nuestra revolución sexual y exhibirlo es una demostración de que las mujeres ya no consideramos el sexo como un pecado.

Ahora el pecado es comer. ¡Si engullir un chocolate nos da más culpa que tener un amante!

No sé si no estábamos mejor antes, cuando estábamos peor, que ahora que estamos mejor.

¿Pero entonces, Eva?

La manzana, ¿no simbolizaba el bien y el mal?

¡No,... ahora lo comprendo todo!

La manzana simbolizaba la manzana y Eva fue la primera pecadora que abandonó el ayuno por los placeres de la carne, en este caso de la fruta, que tiene mucha azúcar y engorda.

¡Ah, Eva, Eva, pecadora picarona, si no fuera por vos, ahora todas seríamos flacas y sin celulitis!

Bueno, peor sería que se hubiera comido una banana.

Por el colesterol, claro.

La presión que sufrimos hoy con nuestro propio cuerpo es tan pesada como la anterior dependencia con el hombre, y nos hace más objeto que nunca. Seguimos muy lejos de la auténtica libertad.

A su vez, el pasar del sexo-tabú al sexo-bandera no sólo no ha mejorado las relaciones entre el hombre y la mujer, sino que ha fomentado la vieja dicotomía masculina que no les permite unir sexo con amor.

Pero además, el exceso de oferta retrae al consumidor, quien —anestesiado ante tanto sexo sin intimidad— necesita cada vez más estímulo, obligando a la mujer a posar para fotos de mal gusto —como sucede en algunas revistas masculinas— donde debe abrir sus orificios para la cámara, como si estuviera haciendo un aviso de su diafragma puesto.

Me imagino al fotógrafo como una especie de ginecólogo free-lance indicando: "Abrí un poco más del lado derecho, que no se ve bien la marca".

Este exabrupto físico, ¿es excitante para el hombre? ¿Lo atrae sexualmente?

¿O será que —como Pulgarcitos perdidos en el mundo— están buscando desesperadamente el camino de regreso al útero de su madre, del que nunca quisieron salir?

Para mí la culpa la tiene Hollywood.

Porque Hollywood me hizo creer que el sexo era sólo para las diosas, y que el placer era sólo patrimonio de la belleza.

Que si yo lograba ser un objeto tan bello como Marilyn, Rita o Brigitte, conseguiría el amor de un hombre maravilloso, potente y rico que me haría feliz por siempre jamás.

Recuerdo que decidí que iba a ser una diosa a cualquier precio. Me fui a ver a mi amiga Becky y ella —como siempre— me avivó del todo.

Me dijo: "Mirá, muñeca, las mujeres con el cuerpo tenemos sólo dos posibilidades: estar histéricas para estar flacas, o deprimidas por estar gordas."

Yo elegí la histeria.

Que era igual que la depresión pero, por lo menos... ¡conocía gente!

EL HADO PADRINO

Sorpresivamente —a principios del invierno— la Providencia se hizo cargo de mi agotamiento, y me proveyó de una semanita de las tan anheladas vacaciones.

¡Playa! —pensé— y los ojitos se me hicieron agua, así que decidí marcharme a Florianópolis en busca del infinito sol brasileño.

El infinito faltó a la cita, pero, de cualquier manera, yo me las arreglé para estrenar un nuevo tono en la piel, muy diferente al que había llevado de Buenos Aires.

Empezó como un verde agua, muy clarito, hasta que —a medida que pasaban los días— se convirtió en un verde subido.

Me puse verde, de pies a cabeza, perdida entre aquel maremagnum de mujeres con culos perfectos, piernas como columnas dóricas y senos erectos, que no se movían un ápice al jugar al tenis o bailar al hula-hop.

—Pero, ¿cómo puede ser? —le pregunté a mi espejito mágico (que había comprado en el free-shop de magia negra)—. ¿Quién es la más fea del mundo?

—Tú, mi reina, no hay nadie más fea que tú.

—Pero, ¿en toda Florianópolis?

—¡Y hasta mucho más allá del Amazonas!

—¡No! No puede ser, pero, ¿por qué, por qué yo? ¿Acaso acá ninguna tiene celulitis, flaccidez, estrías? ¿No tienen hijos? ¿Qué les dan de comer a sus bebés?

—Samba —me contestó el muy sorete.

—¡No, no te creo! —le grité sin animarme a tirarlo, porque me imaginé siete años más de gimnasia y dietas—. ¡Tiene que haber algún secreto! ¡No me creo más el verso del iodo, la sal, el carnaval y los cuerpos al sol de las brasileñas! Tiene que haber algo más, algo esotérico, ¡y vos me lo vas a contar! —grité amenazadora.

Dudó unos instantes, como quien va a hacer una revelación importante, y finalmente sentenció:

—Tienen un hado padrino.

Me quedé atónita. ¡Un hado padrino! ¡Ya me parecía! ¡No podía existir tanta perfección al cuete!

Esos cuerpos no eran de este mundo; estaban cincelados, esculpidos por la mano de un Hacedor de maravillas, de un brujo, de un alfarero milagroso.

Me volví hacia él con el corazón a saltos:

—Y dime, espejito ¿quién carajo es el hado padrino?

—¡Ah! Gordita ignorante —me contestó—, el Pigmalión de la posmodernidad: el cirujano plástico.

—Hay dos cosas en la vida que no soporto —le espeté—: una es que me digan gordita y la otra es que me digan ignorante. —Y ya estaba por reventarlo contra la pared cuando reaccioné—: ¿El cirujano plástico?

—Por supuesto —contestó orgulloso—, el noventa y cinco por ciento de las mujeres brasileñas están hechas a nuevo. No te olvides que aquí la mercadería se exhibe todo el año, así que las mujeres van al cirujano como a la peluquería.

De golpe, todo me parecía posible. Pero... ¡entonces se puede! —pensé—.

¡Tú —o sea yo— puedes hacerlo! (como diría Hollywood).

¡No todo estaba perdido!

El corazón se me inflamó con un fervor casi religioso.

Me arrodillé de cara a las nubes y la mente se me llenó de pensamientos positivos.

Bendito tú eres entre todas las mujeres
¡oh! divino Profeta de la carne.
Alabados sean tu bisturí,
y los frutos de tu imaginación:
la lipoaspiradora y la silicona.
Recíbenos en tu reino, a nosotras ¡gordas pecadoras!
y no nos cobres demasiado la entrada,
pero —sobre todo— déjanos salir un poco más flacas
y sin celulitis.
Líbranos de toda grasa
y no nos dejes caer en la tentación de la gimnasia
pero sobre todo no nos dejes caer los culos,
ni las tetas, ni las panzas, ni los aductores,
ni las papadas.
Tú, que vienes a levantar a los caídos,
a reparar a los deformes,
a revivir a los muertos;
en tus manos todo se transforma
y nada se pierde
(salvo la guita que no se devuelve,
aunque te quede como a Michael Jackson).

Me considero una devota de la cirugía, y si algún día le pierdo el miedo a la anestesia, pienso hacerme toda de nuevo, empezando por mi esqueleto, con el que tampoco estoy de acuerdo.

Eso sí, la cara no me la voy a tocar, porque ya hice una promesa.

Desde que supe que Mirtha Legrand donó sus ojos... yo quiero donar mis patas de gallo.

Pero —digan la verdad— ¿qué mujer puede resistirse

a la tentación de un busto erguido para siempre, aunque sea de plástico?

¿El supermercado quería carne? ¡Va a tener carne!

Eso sí, rellena, mechada, cosida como un matambre o desgrasada y a la plancha.

Hay para todos los gustos.

Ya no dependemos más de sacrificios espantosos para estar en línea.

El Hado Padrino vino en nuestra búsqueda para salvar a la raza femenina de ese cruel destino impuesto por la ideología machista-leninista.

La cirugía estética inauguró una casta de mujeres con cuerpos intachables, que incluso se pueden ir modificando hasta el infinito.

Mi amiga —la vedette Lorena del Valle— no descansó hasta encontrar un talle de tetas que no le dejara caer la bandeja del desayuno.

"Si total a los hombres les gusta el bulto —afirma—, no les importa lo que haya adentro. Es más, no creo que haya uno que note la diferencia."

Bueno, si tengo que ser sincera, yo conozco uno al que sí le importa y creo que merece un capítulo aparte.

Se llama Miguel Rimoldi y es lo menos machista que existe.

Su única pasión son las mujeres.

No se puede resistir a ninguna y ese desborde lo tiene prácticamente con los dos pies en la tumba.

Según él, las mujeres no se dividen en lindas o feas, sino en "sucias" o "limpitas".

Bueno, Miguel confiesa que desde que apareció la silicona en el mercado su vida se arruinó para siempre, ya que él no puede evitar sentirle el gusto a goma.

Durante un tiempo lo vi muy preocupado por el tema, ya que el sexo es el leitmotiv de su vida.

Y el otro día —ya casi vencido— me confesó: "Qué querés que te diga, Gabriela, yo prefiero la naturaleza, aunque sea muerta".

Todos los hombres que tuve fueron a la cama con Gilda y se encontraron conmigo.

RITA HAYWORTH

La única manera en que un hombre debe comportarse con una mujer es: haciendo el amor con ella, si es bonita, o con otra, si es fea.

OSCAR WILDE

¡Ah! ¡Belleza, belleza, cuántas fealdades se cometen en tu nombre!

HUGO PAREDERO

No es que estés demasiado gorda, es que te encuentras en el país equivocado.

ERICA JONG

La mayoría de las "sex symbols", después de los 40 años, se vuelven travestis.

G. A.

Y el hombre creó a la mujer

"El primer acto de liberación es pedir que nos devuelvan nuestras propias cabezas."

RAYA DUNAYEVSKAYA

LA HISTORIA NOS CONDENÓ A LA HISTERIA

Si la historia es lo que queda escrito, la verdadera historia de las mujeres empieza ahora.

Porque éste es el primer momento en el que la mujer cuenta con los elementos necesarios para contestarse a la pregunta acerca de quién es ella realmente.

Cómo es y cómo quiere ser.

Ya que hasta ahora —y a lo largo de más de 5.000 años— sólo fue definida, interpretada, descripta, fantaseada y recreada a través de los ojos del hombre.

Es lógico entonces que la mujer haya creído encontrarse a sí misma en la imagen que el hombre tenía de ella.

Pero el hombre pudo forjarse una imagen para sí mismo; en cambio la mujer tuvo que actuar dentro de un mundo masculino, en el que ya encontró un esquema prefijado de cómo ella "debería ser".

Y así, en un sutil "tejido histórico", la mujer ha sido formada para reconocerse en el espejo de otro.

No hay historia escrita por las mujeres.

Prácticamente toda la información que hemos recibido ha venido de manos de los hombres.

Los libros de estudio, las leyes, los textos sagrados.

Si nos atenemos a la Biblia, la mujer ha sido prácticamente parida por el hombre.

Sale de él y es hecha para él.

Para su compañía y su continuidad.

Dios lo crea a Adán y luego le saca una costilla para crear a Eva.

O sea, Dios creó al hombre a su imagen y semejanza, y a la mujer a imagen y semejanza de una costilla.

No es de extrañar entonces que los varones hayan circulado a lo largo de la historia con permiso para crear o destruir, ni que las mujeres hayan circulado como un pedazo de carne en busca del asador. Grandes pensadores como Platón o Aristóteles llegaron a creer que la mujer no tenía alma. Pero tanto Platón como Aristóteles eran hijos de su tiempo, y en aquella época la mujer era una criatura sin información ni educación de ninguna especie, marginada de cualquier actividad fuera de las paredes de su hogar, sin derecho al voto ni a la herencia, o a cualquier decisión acerca de su destino. Ella no tenía conciencia del "yo"; por lo tanto, no tenía con qué oponerse a los vaivenes a que era sometida. En algún momento de la historia, un Papa le concedió el alma. En otro, un político le concedió el voto. No desesperemos. Tal vez para el 2500 alguien le conceda la igualdad de salarios.

La imagen de la mujer que nos devuelven los medios de comunicación es un fiel reflejo de la disociación propia de la cultura patriarcal.

Aparentemente si cuidamos bien nuestro cabello, nuestras uñas, nuestra piel, nuestros pelos y nuestros olores, seremos acreedoras al premio máximo de un hombre maravilloso, potente y rico que nos hará felices por siempre jamás.

La televisión, las revistas femeninas y sobre todo la publicidad se encargan de imponernos el modelito de mujer que se lleva este milenio.

Una imagen siempre joven, rubia, excitante, la "fantasía del varón hecha carne".

El adorno perfecto para colgar del brazo de todo hombre de éxito.

Esto no sería grave si no fuera porque ellas constituyen el patrón de femineidad para todas las demás.

¿O alguien quiere parecerse a la Madre Teresa?

Por otro lado, en la vereda de enfrente, los medios nos proponen la otra imagen de la mujer: "La esposa y madre".

Aprendiendo desde los programas "para la mujer", cómo decorar una percha —mientras le prepara la mamadera al bebé— o cómo hacer comidas riquísimas para los demás, mientras ella hace la dieta del agua descremada, que le va a permitir adelgazar 20 kilos por minuto.

Pero no es mi intención mostrarnos como víctimas tampoco.

Las mujeres somos responsables, junto con el hombre, de este estado de cosas.

Y para superarlo deberemos luchar fundamentalmente con la culpa.

Creo firmemente que la mujer siente culpa en cualquier situación en la que tenga que enfrentar al hombre.

Y mucho más cuando ese hombre es alguien que está íntimamente relacionado con ella. Puede ser su padre, su marido, su hijo, su hermano.

Ella fue formada durante siglos para hacerse cargo de los vínculos, y no sabe cómo separar su amor de su propio sentimiento de independencia.

Personalmente, cada vez que salgo a trabajar siento que "dejo" a mi hijo.

Pero yo nunca escuché a un hombre pedir consejo acerca de cómo combinar la carrera con el hogar.

No hay duda de que la mujer se encuentra hoy ante el desafío más grande de su historia.

El de convertirse en lo que es.

Y éste es un proceso que ya lleva varias etapas.

La primera fue la de tratar de parecerse a lo que se esperaba de ella.

Por eso sostengo que la historia nos condenó a la histeria.

Porque en la desesperación por gustar no se puede SER.

La segunda, muy en boga en nuestros días, es la de imitar al hombre.

Conducta en un punto inevitable, ya que el hombre ha sido nuestro único modelo, pero que también conduce a un camino de alienación.

Pero hay una tercera etapa esperando por nosotras y ésa será la de encontrar nuestra auténtica identidad partiendo desde lo más profundo de nuestra femineidad.

Y también la de conquistar una validación que no dependa de la mirada de otro.

Ése es —a mi juicio— el gran desafío que nos espera.

Mujer... ¡conviértete en lo que eres!

DISCUSIONES CON LOS MISÓGINOS

No debe depositarse ninguna confianza en las mujeres.
HOMERO

* * *

¡Homero, largá a ese esclavo y vení a terminar la Ilíada!
SU ESPOSA

* * *

De la mujer puede decirse que es un hombre inferior. La naturaleza sólo hace mujeres cuando no puede hacer hombres.
ARISTÓTELES

* * *

¡Ay naturaleza! ¡Cuántas estupideces se dicen en tu nombre! ¡Si yo me pongo a hablar de los griegos...!
JACKELINE KENNEDY

* * *

La mujer es un animal con el cabello largo y las ideas cortas.
SCHOPENHAUER

* * *

No sé cómo tendría el cabello Schopenhauer, pero yo juraría que sus ideas no eran tan largas. ¡Lástima que no esté aquí para comprobarlo!, ¿no?
MADONNA

* * *

¿Vas con mujeres? ¡No olvides el látigo!
NIETZSCHE

* * *

Federico, ¡volvé a tu sesión de electroshock en grupo!
SU MÉDICO

* * *

¡Qué desgracia ser mujer! ¡Y cuándo se es mujer, la peor desgracia es no comprender que es una desgracia!
KIERKEGAARD

* * *

¡Pero por qué no te vas a Kierkegaard a los yuyos!
SU MADRE

"EL SEXO ES VIDA, TÓMELO USTED Y DÉSELO A SUS NIÑOS"

Cuando el sexo dejó de ser tabú se convirtió en un pingüe negocio.

Y por supuesto las mujeres pusimos el cuerpo una vez más de carnada para vender todo tipo de productos.

Muebles, inodoros, cigarrillos, cómicos... la lista es interminable.

Pero —no seamos desagradecidas— tenemos que reconocer que ya no nos debatimos en la ignorancia.

Información es lo que sobra.

¡Y te la traen a tu casa!

Gracias a la televisión, todos los niños de este país ya saben todo lo que siempre quisieron saber sobre el sexo, y mucho más de lo que nadie se atrevería a preguntar.

Y sólo con las promociones y la publicidad, porque a las diez de la noche se toman su Valium y se van a dormir.

Y yo no puedo dejar de imaginar a las futuras generaciones de niños, amamantados a siliconas, inflando un preservativo a manera de globo, más eléctricos que un portero por el exceso de estímulo sexual que les llueve desde la tele, mirando como autómatas a una gran teta de plástico que les anuncia, como en aquel aviso de mi infancia:

"¡El sexo es vida, tómelo usted y déselo a sus niños!"

La guerra
de los
sexos

"En la vida hay dos cosas importantes.
Una es el sexo.
Y la otra... no es tan importante."

Woody Allen

¡Hollywood que me mentiste tanto y sin embargo te quiero!
Hollywood que me hiciste creer que el sexo era el romper de las olas en la playa y besos llenos de romanticismo y afecto, en los que sería llevada sabiamente por las manos de un eximio conocedor de mi cuerpo y alma, que me pulsaría como si fuera un violín y al que respondería con melodías maravillosas que nos harían temblar de placer compartido.

¡Te olvidaste de contarme qué pito tocaba yo en esa orquesta!

El erotismo

Los hombres y las mujeres se necesitan mutuamente, qué duda cabe. Pero la manera de encarar el sexo es básicamente distinta.

Hay un erotismo femenino y uno masculino.

Los hombres son capaces de mentir amor para conseguir sexo.

Y las mujeres, de mentir sexo para conseguir amor.

Para ellos, el acto sexual es un fin en sí mismo.

No necesitan perpetuarlo.

Su erotismo es discontinuo. Comienza en el acto sexual y termina en el orgasmo.

En cambio, las mujeres vamos a la cama con el traje de novia puesto. Necesitamos la continuidad.

El acto sexual es sólo el comienzo de una larga película que termina indefectiblemente en amor, matrimonio e hijos.

Ellos quieren picar e irse.

Nosotras queremos retenerlos para siempre.

Con este punto de partida, ¿cómo no va a existir una guerra de los sexos?

AL SEXO LO QUE ES DEL SEXO

Tengo un amigo con el que solemos filosofar acerca de nuestros temas predilectos: el amor, el sexo y la pareja. Tal vez por el hecho de ser sólo amigos, se siente en confianza suficiente como para admitir sus debilidades con dichos temas —en especial el sexo— y gracias a él me entero de las fantasías que los hombres ocultan celosamente a las mujeres.

Solemos tener diálogos como éste:

Él: ¿Vos sabés cuál es la diferencia entre miedo y pánico?

Yo: No.

Él: ¡Miedo es la primera vez que no se te para por segunda vez!

Yo: ¿Y pánico?

Él: ¡La segunda vez que no se te para por primera vez!

Él afirma que los varones tienen hacia el sexo una actitud absolutamente competitiva, la misma que hacia el resto de la vida, en la que ponen en juego nada menos que el tamaño de su ego (al que suelen confundir con el tamaño de otra cosa).

Una vez me confesó que no hay nada que lo vuelva más loco que la "histeria femenina".

Él se refería concretamente a la frigidez.

Una frígida —pontifica— es, en cierta medida, como una virgen.

Se siente el desafío de ser el primero en hacerla gozar, y esto es lo irresistible para el hombre, ser el primero, ya sea para escalar el Everest, abrir la tumba de Tutankamón o hacer sentir a una mujer. ¿Qué tal?

(Entre nosotros, como se ve que el pobre no pudo

conseguir ni una virgen ni una frígida se casó con una igualita a Tutankamón).

Pero lo cierto es que los hombres que más alardean con el sexo son los que están más lejos de saber lo que verdaderamente necesitamos.

El propio Freud sostuvo alguna vez un disparate tal como que las mujeres éramos como hombres castrados y que lo que TODAS ambicionábamos era tener un pene.

Que me perdone Freud, pero yo nunca quise tener un pene que no viniera con un hombre incluido.

Además hago mía la frase de Woody Allen: "No creo que la envidia del pene sea exclusiva de las mujeres".

Y estoy convencida de que la frigidez no es otra cosa que la respuesta de la mujer al maltrato machista al que ha sido sometida su sexualidad.

La frígida es una rebelde.

Inmola su placer, porque no acepta el lugar de objeto.

Y reclama así su derecho a un goce que no la descalifique.

Por eso el erotismo femenino necesita del "romance" para florecer.

Porque es la única vía al placer que le permitió nuestra cultura.

Para el hombre, sin embargo, la cosa es bien distinta.

El sexo no los ablanda, los afirma.

No los disminuye, los confirma.

Puede haber pasado el mejor de los momentos en la cama y al instante siguiente querer abrir la leonera para que la dama desaparezca.

Para ellos, el sexo no tiene *necesariamente* que ver con el afecto, y todavía son muchos los hombres capaces de acostarse con una mujer para humillarla o despreciarla.

El erotismo masculino puede funcionar tan independientemente del amor que —a veces— funciona hasta por odio.

Y es esa misma dicotomía de su mandato la que los inhibe a la hora de decir "te quiero", de entregarse a la intimidad o de llorar.

Les han hecho sentir que el amor los debilita.

Pero no creo que el sexo sea más fácil para unos que

para otras, ya que —en ambos casos— tiene características de examen.

A ellos les preocupa la nota que van a obtener.

Y a nosotras si vamos a poder entregar a tiempo.

Es obvio que las mujeres necesitamos enamorarnos del hombre con el que hacemos el amor, porque nos enseñaron que el sexo era pecado.

Y es obvio que los hombres necesitan lo contrario, porque les enseñaron que el sexo con amor ¡era mucho más pecado todavía!

Afortunadamente, las cosas están cambiando y, a medida que hombres y mujeres nos vamos aproximando a la igualdad, se va achicando el abismo existente entre el erotismo femenino y el masculino.

Abismo cultural y no biológico.

Las nuevas generaciones parecen tener más claro que el buen sexo sólo puede ser el resultado del encuentro amoroso y no su punto de partida.

Personalmente, y más allá de la culpa o del mandato, yo reivindico al amor como fundamento necesario de toda relación sexual.

Y el amor bien entendido empieza por uno.

Un amor —como señala Erich Fromm— compuesto de cuidado, respeto, conocimiento y responsabilidad.

¡Por menos de eso, yo no me sentaría a negociar!

El deseo sexual no tiene sexo, pero la ley que legisla el deseo humano es sexista.

DIO BLEICHMAR

El sexo sin amor sólo alivia el abismo que existe entre dos seres humanos de forma momentánea.

ERICH FROMM

Las mujeres tenemos los mismos derechos sexuales que los hombres. Pero no es de una dama ponerlos en práctica.

UNA MUJER

He perdido mi reputación.
Pero no la echo en falta.

MAE WEST

El cerebro es mi segundo órgano favorito.

WOODY ALLEN

Consultorio
sentimental
"Avivando gilas"

Dra. Diu

"La suerte de la mala, la buena la desea."

DRA. DIU

¡Hola, queridas amigas!

¿Cómo están?

Yo... aquí —como siempre—, en este consultorio sentimental, para poder avivar a alguna que otra gila en el escarpado camino de la felicidad.

Es un hecho más que comprobado el de que todas las mujeres llevamos una gila en un rincón del corazón.

Y como a mí la gilada ya me ha invadido el resto del organismo me considero la persona indicada para aconsejar a las otras almas atribuladas en el escurridizo sendero del amor.

¿Qué pensaban?

¿Que las iba a dejar solas y sin mis sabios consejos por mucho tiempo?

¡De ninguna manera!

¿Y los hombres qué pensaban?

¿Que nos íbamos a pasar toda la vida de la cama a la cocina y de la cocina a la cama?

¡Por supuesto que no!

Porque cuando se apaga la luz de la justicia se enciende... ¡la Dra. Diu!

Son tantas pero tantas las cartas de mujeres que recibo por día que —en un momento— pensé en empapelar la habitación con ellas.

Pero después desistí porque tuve miedo de que las paredes no resistieran el peso de tanta pálida afectiva, de tanto desastre sentimental, de tantas historias de terror conyugal.

Es importante que recuerden, amigas, que no están solas en esta lucha.

Que yo estoy aquí para ayudarlas.

Que la mujer del 2000 se quiebra pero no se rompe.

Pero, por sobre todas las cosas...

¡Se organiza!
Y para que vean que en esta cruzada uterina no están
solas como un óvulo.
Nos acompañan hoy:

Frígidas anónimas.
Vírgenes involuntarias.
Onanistas de obligado.
Cornudas conscientes.
Desvalorizadas atómicas.
Solteras para toda la vida.
Ex esposas impotentes.
Resentidas peligrosas.
Ninfómanas anónimas.
Insatisfechas asociadas.

Y más. Muchas más.
¡Ánimo mujeres!
El pensamiento machista avanzó hasta el borde del
abismo.
¡Seamos generosas!
¡Ayudémosle a dar un gran paso adelante!
¡Y escríbanme!... ¡Que no las voy a defraudar!

INSATISFECHA, DE VILLA DÁLMINE

Querida Dra. Diu:
Estoy casada desde hace veinte años.
Él fue mi primer hombre y me enseñó todo... lo mecánico y rutinario que podía ser el sexo.
Traté de seducirlo con perfumes, camisones, abanicos de plumas, portaligas... pero sólo logré seducir al sodero y mi marido anuló mi tarjeta de crédito.
Con el sodero todo fue burbujeante pero de chorro corto.
Después de hacer el amor, parados entre la tabla de planchar y el escobero del lavaderito, lo único que sabía decir era: "¿Cuántos sifone pa el vierne...?".
Dra... estoy francamente desconsolada... ¿Qué hacer?

¿Seguir esperando al hombre de mis sueños?... ¿Y si no viene?

Le escribo esta carta al borde de mis fuerzas ya que casi no me dan las manos.

Aconséjeme por favor.

Querida Insatisfecha:
Tu desgarrador testimonio me llegó al corazón y no te quiero mentir ni un poquito.

El hombre que esperás no va a tocar la puerta de tu casa.

Ni la principal, ni la de servicio.

No te va a tocar nada porque el hombre, mi querida... ¡es un invento del machismo leninismo!

¡El hombre es un producto de su propio marketing!

¿Sabés a qué me hacen acordar los hombres?

¡A los caballitos de mar!

Porque se creen unos potros... ¡y son unos pescados!

Dra. Diu

CONFUNDIDA, DE ALDO BONZI

Dra:
Al borde de la desesperación le escribo a usted que parece haber logrado la calma que permite aconsejar en la vida.

Desde antes de casarse con mi hermana, mi cuñado no me sacaba los ojos de encima.

Él nunca me dijo una palabra ni me faltó el respeto pero yo siempre sentí que me miraba. Mi hermana nunca pareció darse cuenta de nada.

Un verano fuimos los tres a la playa y mi hermana se volvió antes, dejándome con mi cuñado en un hotel sobre la arena también caliente.

Sucedió lo inevitable.

Al volver de las vacaciones intentamos terminar con esa terrible situación pero no pudimos.

Hoy llevamos así diez años y tenemos tres hijos.

Él con mi hermana no tiene ninguno y nosotros vivimos nuestra vida en secreto tratando de que mi hermana nunca se entere.

Y yo me pregunto, Dra... ¿es mi cuñado?... ¿es mi marido?... ¿o será que es mi marido y cuñado de mi hermana y nosotros no nos enteramos?

Querida Confundida:

La familia no es un tema sencillo. Es más bien complejo.

Y si no, preguntáselo a Edipo.

Pero a la familia se le perdonan cosas por las que a otras personas les pasaríamos por encima con el auto. Porque —en ciertos momentos de la vida— la familia cobra una importancia insustituible.

Y la cobra bien cara.

Tus dudas no son fáciles de resolver, y no tengo una respuesta para darte, pero yo en tu lugar me haría una pregunta:

¿Estás segura de que tu hermana es tu hermana?...

Te dejo la inquietud.

Dra. Diu

INSACIABLE, DE PIROVANO

Querida Dra. Diu:

Esto es una cadena.

Si la sigue correctamente aparecerá en su vida el macho que siempre soñó.

De Yukón al Cabo de Hornos esta cadena americana recoge con su energía a cuanto macho suelto anda por el mundo.

Si no se engancha está rechazando los valores más altos de sus bajos instintos.
No corte esta cadena. Atrévase a gozar.
Una mujer de avanzada edad siguió esta cadena y hoy tiene siete machos para ella sola.
Otra la tiró a la basura y nunca más tuvo un orgasmo.
Mande cinco cartas como ésta y póngase primera en la lista con número de teléfono y expectativas.
¡No rompa esta cadena!

Querida Insaciable de Pirovano:
¡A mal puerto fuiste por agua!
Me agarrás en un día en que la sola mención de la palabra macho me revuelve el estómago.
No soporto ni siquiera el olor a macho.
Es más, me parece que todavía estoy repitiendo el de anoche.
Ahora, si con la cadena no te llegan los machos que esperabas no me eches la culpa a mí.
Probá con otra estrategia.
Mientras tanto... ¿sabés que te puede traer suerte a vos?
¡Una planta de ruda macho!

Dra. Diu

ATRIBULADA, DE ISIDRO CASANOVA

Querida Dra. Diu:
Mi marido trabajaba tanto que nunca nos veíamos.
Alguna vez dudé de si tenía un marido o lo había soñado, pero la pila de camisas para planchar siempre me traía a la realidad.
Yo lo llamaba a la oficina veinte veces por día y hablaba con Graciela, su secretaria, pero a él nunca pude encontrarlo disponible.

75

Pasaron un par de años, la situación con mi marido no cambió para nada, pero con Graciela solidificamos una fuerte amistad llena de comprensión y solidaridad y un día decidimos vivir juntas.

¡Tantos maridos dejan a su mujer por la secretaria!

¡Yo dejé a mi marido por su secretaria!

Pena por Graciela que perdió el trabajo, la pobre.

Pero —aunque nos tuvimos que mudar a Isidro Casanova— las dos trabajamos, compartimos las tareas de la casa y —a veces— hasta a algún novio.

Dígame doctora,... ¿Pertenezco sin saberlo a la generación de mujeres nuevas, del 2000, o soy simplemente... una loca?

Querida Atribulada:

La verdad es que en tu decisión hay algo que me resulta incomprensible.

Pero tu carta me llegó al corazón y quiero que sepas que de ninguna manera pienso que seas una loca.

Yo más bien te veo como a una especie de bombera involuntaria, tratando de apagar el incendio de tanto abandono acumulado.

Y me parece muy bien que las mujeres se unan en contra de la indiferencia masculina. Si les gusta.

¡Lo que no entiendo es que vivas en Isidro Casanova!

Dra. Diu

FRACASADA, DE BARRIO NORTE

Mi vida transcurre de fracaso en fracaso.

Escribiría un bolero si no fuera porque ya hay uno. Ni eso me sale bien.

Yo tenía una brillante carrera de abogada pero mi marido me hizo dejarla, porque si no no se casaba.

76

Me dediqué de lleno al hogar pero mi marido es muy exigente con las comidas.

Tengo que inventar un plato distinto todos los días, y si no le gusta me lo tira por la cabeza. Lo peor es que tanto tuco me está haciendo mal al cutis.

Dra... ¡ayúdeme!

¿No tiene unas buenas recetas para darme?

Sí mi querida fracasada, sí que las tengo.

No sé si te van a servir para un concurso de cocina pero seguro que te van a servir a vos.

Yo te puedo enseñar cómo cocinarlo a él.

Podés elegir hacerlo al spiedo, a las brasas o a fuego lento.

También te puedo enseñar a hacerlo picadillo o puré.

Aunque lo mejor en este caso es que salga con fritas.

Pero que salga.

No sé si soy clara.

O yema.

Dra. Diu

LA FANTASÍA

La fantasía no reconoce razas ni sexos, aunque en la vida de las mujeres ocupa un lugar de privilegio.

Es que nuestra fantasía más grande... son ellos.

Lástima que después viene la realidad.

La fantasía es hija de la imaginación, hermana de los sueños, sobrina del deseo y amiga de la magia.

Es el hogar del niño que todos llevamos dentro; un cine siempre abierto donde podemos ver las películas más prohibidas, sin censura y sin pagar la entrada.

En la dura batalla de los sexos, la fantasía juega un rol preponderante.

El hombre y la mujer se inventan mutuamente, se tiran por la cabeza todo el bagaje de sus fantasías acumuladas y a eso le llaman "enamorarse".

Luego, al cabo de un tiempo, cuando cada uno retira lo que puso, se encuentra frente a un desconocido al que seguramente le reclama: "¡Vos, antes, no eras así!".

La fantasía puede llevarnos a la negación de la realidad, pero también puede ayudarnos a construir una nueva.

Porque, después de todo, ¡¿qué es la realidad... sino una fuerte fantasía colectiva?!

avivando gilas

LAS FANTASÍAS QUE INVENTARON LOS HOMBRES ACERCA DE SÍ MISMOS

Que los petisos, los altos y la ley del revólver.

Que los pelados son potentes.

Que los narigones son viriles.

Que los peludos son pasionales.

Que los que calzan 45 calzan 45.

Que los negros calzan todos 45.

avivando gilas

Que las mosquitas muertas son las peores.

Que las morochas son fogosas.

Que las rubias son tontas.

Que las pelirrojas son teñidas.

Que las boconas son viciosas.

Que las de patas flacas tienen buenas gomas.

Que las de patas gruesas tienen buena entrepierna.

Que la mujer ideal tiene que tener la boca grande, los pechos grandes y eso chico.

Hay gente a la que no le quedan fantasías.
¡Se las comieron todas los ratones!

G. A.

El único realista de verdad es el visionario.
FEDERICO FELLINI

La realidad es sólo un efecto producido por la
falta de alcohol.
JACK NICHOLSON

La competencia

En la dura batalla de los sexos, la competencia es el pan de cada día.

Siempre está en carrera, pero puede ser el más olímpico de los juegos entre dos personas, o la peor manera de transpirar juntos la camiseta.

La competencia es hija de la inseguridad, hermana de la envidia y madre de la guerra.

Si bien es un valor típicamente masculino, las madres lo hemos venido perpetuando de generación en generación.

¿Y cómo hubiéramos podido evitarlo, si somos el fruto de una cultura en la que "agresivo" es sinónimo de "fuerte"?

Pero la necesidad de competir con la persona que amamos no proviene de la fuerza, sino de la debilidad.

El que está verdaderamente seguro no tiene nada que demostrar, no necesita someter ni ser sometido.

Y una sociedad tan competitiva como la nuestra perjudica enormemente la posibilidad del amor, ya que la competencia es exactamente lo opuesto a la cooperación.

¿Saben qué contestó Gandhi cuando le preguntaron qué opinaba de la civilización occidental?

"¡Que sería una buena idea!"

En la carrera de la vida, lo peor es jugar solo y salir segundo.

MAITENA

Así como no sería esclavo, tampoco sería amo.

ABRAHAM LINCOLN

La civilización es la victoria de la persuasión sobre la fuerza.

PLATÓN

Hemos conocido al enemigo. Somos nosotros.

POGO

A las mujeres nos gusta buscar amos a quienes esclavizar.

LIZ SPETT

La pasión

Un gran amante necesita solamente
una gran pasión. ¿El objeto?
¡Es lo de menos!

Me apasiona hablar de la pasión. ¿Qué sería la vida sin pasión?

Un desierto monótono y seco, un páramo abandonado, una planicie árida y estéril, un bosque petrificado.

La pasión es un canto a la vida, a la excitación, al deseo, a la alegría, a la locura, a los celos, a la ira, a la posesión y al crimen pasional.

¡Pero es tan apasionante!

¿Qué mujer no se ha sentido apasionada alguna vez por el perfume de una piel masculina?

¿Y después no cometió el error de casarse con el hombre entero?

La pasión es el impulso mismo de la vida, y no solamente en lo referido a lo genital.

Sentir pasión por el trabajo, por la pareja, por la naturaleza, por el conocimiento y por el puro hecho de estar vivos nos pone en contacto con las raíces mismas de la creación.

Pero aun así, la pasión no es el amor.

El amor es la alternativa que nos queda si la pasión no nos consumió del todo.

Porque la pasión a veces enceguece.

Pero el amor siempre prende la luz.

Los abogados: son apasionados hasta donde lo permite la ley.

Los deportistas: son apasionados pero les quita piernas.

Los empresarios: son apasionados pero te pasan la factura.

Los políticos: son apasionados pero ahora no tienen tiempo.

Los intelectuales: son apasionados pero no se animan.

Los cirujanos: son apasionados pero hasta un punto.

Los músicos: son apasionados pero tienen sus bemoles.

Los actores: son apasionados pero fingen.

Los psicoanalistas: son apasionados pero hasta las menos diez.

Dra. Diu:
Desde chica me he dejado enceguecer por la pasión de tal manera que —hoy que veo— me miro al espejo y no me reconozco.
Ciega me he llevado por delante una pared tras otra, siempre con un macho en el medio, claro, y la verdad es que he quedado herida.
Tengo tres puntos en la cabeza y me bajaron dos dientes.
Enloquecida he llegado a perseguir a un hombre hasta el Chaco, pero no lo alcancé.
Dejé a mis padres, a mis amigos y una vez abandoné a mi perro.
Me casé seis veces, siempre con el "hombre de mi vida", pero nunca dejé de tener varios amantes, sobre todo maridos de mis amigas.
Es verdad que a veces me enrollo como una persiana y pierdo la cabeza, pero hay cosas que no puedo soportar... ¿me entiende?... y si no me entiende no intente explicármelo porque yo no entro en razón fácilmente.
Sé que he arruinado mi vida arrastrándome detrás de todos los imposibles posibles, pero afortunadamente nunca me tembló el pulso a la hora de apretar el gatillo.
Me lo caratularon "Crimen pasional" y me dieron diez años.
Dra... ¿qué hago con un carácter tan tempestuoso?
Perdida pero profundamente.

Estimada Perdida de Ezeiza:
¡Vos sí que estás realmente de la cabeza!
De pasada de revoluciones a pasada de revoluciones, lo que te aconsejo es que pares la máquina porque después no vas a encontrar trocha que te aguante el vagón de ilusiones que traés encima.
Tu testimonio me conmovió muchísimo pero dejame decirte que... ¡me alegro de que no estés suelta!

Dra. Diu

No hay nada más hermoso que tener como oficio la propia pasión.

STENDHAL

Cuando dos personas están bajo la influencia de la más violenta, insana, engañosa y pasajera de las pasiones, son obligadas a jurar que continuarán en aquel estado anormal, excitado y loco hasta que la muerte los separe.

GEORGE BERNARD SHAW

La única diferencia entre un flirt y una pasión eterna es que el flirt dura un poco más.

OSCAR WILDE

En algún lugar, entre el miedo y el amor, está la pasión.

GORE VIDAL

EL LEVANTE

En la dura batalla de los sexos, el levante es la búsqueda del cuerpo a cuerpo.

Allí se puede medir al enemigo, palpar si es de la misma talla.

O de una superior.

De todos los deportes conocidos, es el que los argentinos practicamos con mayor entusiasmo.

Y creo que ya estamos preparados como para competir en una olimpíada.

El levante es hijo de la seducción y nieto del cortejo.

El viejo y querido arte de la conquista que —en la época de nuestros abuelos— consistía en esperar durante años para conseguir una foto de la abuela, se ha sintetizado hoy en unas cuantas vueltas en el auto, para que no nos agarre la noche con el pescado sin vender.

"Toda la historia del mundo podría remontarse a la necesidad de un cálido revolcón en la cama —dice Erica Jong— pero el sexo no puede divorciarse del resto de la vida. Y la tragedia de nuestra generación es haber creído que el sexo nos salvaría."

Tal vez la verdadera tragedia de nuestra generación (y de las que vienen) sea la de no poder asumir que hemos estado usando la libertad sexual para disimular nuestra profunda, enorme necesidad de amor.

Diálogo telefónico

—¡Hola!

—Contame cómo te fue con ese tipo que te levantó la otra noche.

—Horrible. No sé qué pasó.

—Pero, ¿por qué? ¿No te dio ni un beso?

—Sí... besar, me besó. Me besó tan fuerte que se me salieron las dos fundas de adelante.

—¿Y?... ¡No me digas que terminó así!

—No, claro. Después me tomó la cara entre sus manos hasta que le tuve que pedir que no me lo hiciera más porque recién me había estirado y se me estaban soltando los puntos del lifting.

—¿Y no intentó nada más?

—Se puso a acariciarme las piernas mientras me acordaba de que no me las había depilado.

—¿Y después qué pasó?

—Se puso a tomar champán de mi zapato.

—¡Qué romántico!

—¿Romántico? ¡Casi se muere!

—¿Por qué?

—Se tragó el corrector de juanete.

—Ay, ¿y después, qué hizo?

—¿Querés creer que se fue? ¡Para mí que es gay!

Cuando un hombre y una mujer hacen el amor, él piensa en ganar y ella en el amor.

ERICA JONG

Nunca iría a la cama con un perfecto desconocido, a no ser que ese desconocido fuera perfecto.

MAE WEST

Escucha lo que te dicen al principio de una relación amorosa. Te están diciendo cómo terminará.

ERICA JONG

¡Hollywood que me mentiste tanto y sin embargo te quiero!

Hollywood que me prometiste un príncipe azul igualito a papá pero sin bigote, un hombre mayor en cuerpo y alma que me enseñaría todo del amor y se quedaría para siempre tomándome la lección.

Te olvidaste de contarme que el único que había... ya estaba casado con mi mamá.

La mutua atracción de la juventud y la experiencia es común a la gente de todas las épocas.

Antiguamente, era imprescindible que el marido fuera bastante mayor que la mujer, ya que él era el encargado de enseñarle todo lo referente al sexo y ella era la encargada de llegar virgen al matrimonio.

Pero hoy nos encontramos también ante el fenómeno opuesto: mujeres grandes con hombres jóvenes.

Al fin y al cabo, el orden de los factores no tiene por qué alterar el producto. ¿O sí?

La segunda vez que me enamoré para siempre fue de un hombre mucho más joven.

En otras palabras, entre nosotros había una diferencia de edad en la que yo llevaba la peor parte.

Todavía recuerdo algunos diálogos de la intimidad tan sabrosos como éste:

—Hoy no tengo ganas de hacer el amor porque estoy indispuesta.
—(Frustradísimo): ¿Y te dura mucho?
—No, no mucho.
—¿Más de una hora?

Aunque no todas fueron rosas.

También recuerdo bien el día en que yo tenía que preparar una improvisación para mi clase de teatro y le dije:

—Tengo que cantar una canción medieval.
—¿Y no te acordás de alguna de tu infancia?

Uno de nuestros pasatiempos favoritos era charlar del pasado y jugar a:

"¿Dónde estabas tú cuando yo...?"

Dejamos de hacerlo el día que descubrimos que cuando yo perdía la virginidad, él perdía el primer diente.

avivando gilas

LOS JÓVENES

Son cariñosos.

No tienen heridas de guerra como los grandes, por lo tanto están más abiertos.

Se llevan bien con tus hijos (a veces, hay menos diferencia de edad entre él y ellos que entre él y vos).

No tienen un mango, no se sabe si fifarlos o adoptarlos.

No se dan cuenta si no tenés orgasmos. (Bah, los otros tampoco.)

Son divertidos. Aunque —más tarde o más temprano— te mean la cama.

LOS HOMBRES MADUROS

Son neuróticos, pero ya saben que les gustan las histéricas.

Son más comprensivos y pacientes. Están jugados.

Se preocupan tanto por estar en forma que a veces están mejor que los de 20. Pero quedan muertos.

Ama a tu prójimo. Y si él es joven y buen mozo, te será mucho más fácil.

MAE WEST

Todavía no soy lo suficientemente joven como para saberlo todo.

SAMUEL BUTLER

La experiencia es aquello que te permite reconocer un error cuando lo volvés a cometer.

EARL WILSON

Algunas de las chicas con las que ando hoy tenían 3 años cuando las conocí. ¿Qué culpa tengo yo de que ellas envejezcan?

MICK JAGGER

Cuando sos joven, que te quieran hacer el amor te ofende. Cuando sos mayor, lo que te ofende es que no te lo quieran hacer.

G. A.

LA MUJER Y EL SEXO

*El forro tiene que pasar a formar parte
de la canasta familiar.*

Mucho líquido ha pasado bajo los puentes desde la "revolución sexual" y ha llegado la hora para las mujeres de replantearnos un par de cosas y separar la paja del trigo.

Debemos reconocer que en nuestra auténtica búsqueda de ser personas fue inevitable la imitación del hombre.

No había otro modelo.

Ellos podían ser lo que querían ser, independientemente de su condición de esposos o padres.

Y así, como un niño que crece imitando a los mayores para luego encontrar su propia identidad, las mujeres creímos que debíamos "ascender" hasta donde estaba el hombre en los terrenos del trabajo, la ley, la política, la religión y todos los ítems que hacen a la vida de alguien que participa activamente en las decisiones de una sociedad.

Y fue positivo ya que nos dio conciencia de nuestro propio poder y los elementos necesarios para encarar el paso que sigue, que es el de llegar a ser nuestro propio modelo.

Pero... la boutique del patriarcado estaba en liquidación y nosotras compramos *todo*.

Lo que servía y lo que no.

Es hora de depurar.

En el terreno del sexo, no éramos las mujeres las que teníamos que "ascender" ningún peldaño, sino más bien todo lo contrario.

Es el hombre el que tiene que bajarse del pedestal de la disociación.

Ni ellos ni nosotras podemos seguir tomando como un juego algo que tiene implicancias tan graves sobre nuestro cuerpo y nuestra alma.

La manipulación de la menstruación, los anticonceptivos, el aborto y todas las torturas que las mujeres le infligimos a nuestros cuerpos en nombre de la "libertad" sexual no sólo no me parecen un avance, sino un más sofisticado grado de servidumbre.

Seguimos pagando un precio altísimo por un placer de segunda.

Porque compartir ese "placer" con alguien que no nos cuida, que no nos ama, y que deja en nuestras manos toda la responsabilidad de algo que nos corresponde a ambos es —a mi juicio— una acabada muestra de masoquismo.

La "igualdad de derechos" sin igualdad de responsabilidades suena a burla.

La revolución sexual nos dio el derecho a decir que sí al placer y no nos fijamos en el precio.

Hagamos uso del soberano derecho a decir que no.

Y empecemos a cuestionar qué relación tenemos nosotras con nuestra femineidad.

¿Amamos nuestra menstruación?... ¿O maldecimos por estar "indispuestas"?

¿Cómo vivimos el embarazo?

¿Nos vemos más lindas que nunca?... ¿O vomitamos el espejo?

El desprecio de la cultura patriarcal hacia todo lo femenino también se ha hecho carne en nosotras y el camino de la imitación del hombre no hace más que corroborarlo.

Es imprescindible que el hombre revea el tema de la paternidad responsable.

Frente a los hijos deseados y a los no deseados.

Frente a la mujer y al sexo.

Y esto sólo podrá hacerlo dándole al amor el lugar que le corresponde.

El único, el que debería revestirlo todo.

El amor, como la verdad, no tiene que inclinarse ante nadie.

Somos nosotros los que tenemos que ascender hasta él, hacernos dignos de él.

Y es la mujer —a mi modo de ver— la que puede guiar al hombre en este camino.

Porque lo más importante de la condición femenina es —precisamente— la importancia que le da al amor.

Y esto es algo que no deberíamos perder, sino enseñar.

Perlas... de la doctora Diu

Lo que los hombres siempre quisieron saber sobre el clítoris y no se atrevieron a preguntar: ¿dónde queda?

* * *

Los hombres son como los vestidos en la percha. Una no sabe cómo le van hasta que no los prueba.

* * *

No es cierto que a los hombres sólo les interesa triunfar. También quieren que nosotras fracasemos.

* * *

Muchas veces estar casada es como tener un placard lleno y nada para ponerse.

* * *

Detrás de toda gran mujer hay un hombre tratando de pasarla.

Ingenio femenino

¿Saben qué tienen en común los aniversarios, los inodoros y el Punto "G"?
¡Que los hombres no aciertan a ninguno!

* * *

¿Por qué los hombres tienen la conciencia limpia?
¡Porque no la usan!

* * *

¿Cuál es la diferencia entre un bar y un clítoris?
¡Qué cualquier hombre puede encontrar un bar!

* * *

No todos los hombres valen poco, pero el 99% le da mala reputación al resto.

* * *

¿Por qué son mejores las pilas que los hombres?
Porque —por lo menos— tienen un lado positivo.

* * *

¿En qué se parece acostarse con un hombre a una telenovela?
En que —cuando las cosas empiezan a ponerse interesantes— termina el episodio.

* * *

¿Quieren saber cómo volver loco a un hombre en la cama?
¡Sáquenle el control remoto!

Yo no me quiero casar...
¿y usted?

"Hacía tanto frío que por poco me caso."

SHELLEY WINTERS

Qué quieren los hombres

Cuando conocí a mi último ex marido y decidí cometer matrimonio otra vez no puedo decir que lo haya hecho engañada como una niña.

Intuía dónde me metía, y casi podría afirmar que lo hice a conciencia, aun rechazando su ideología de machista-declarado.

Quizá lo hice por eso mismo, alimentada por una veta machista que también supe tener y que me hizo pensar que yo podría hacer algo por cambiarlo.

Pero, si a los veinte años creer que uno puede cambiar a otro es de una inocencia aceptable, a los cuarenta es de una estupidez imperdonable.

A esta altura de los acontecimientos —y de los cuarenta, ¿por qué no?— hago mías las palabras del poeta: "La inteligencia humana tiene un límite. Pero la estupidez es infinita".

Recuerdo que en esa época yo estaba escribiendo artículos para una revista americana y nunca tuve valor para mostrárselos.

La publicación se llamaba *Safo,* y una vez me devolvieron un artículo porque mencionaba la palabra "hombre".

La editora de la revista la había declarado mala palabra.

Una tarde fatídica, mi amado cónyuge me pidió una revista para leer en el baño.

Si no leía, no podía, pobre.

Y yo, con aquella ingenuidad que me va a llevar a la tumba, le dije que buscara en mi revistero.

Al cabo de un rato, escuché un grito de terror que me heló la sangre.

Pensé en *Psychosis, Atracción Fatal,* todo junto.

Corrí al baño, convencida de que me había quedado súbitamente viuda, y me encuentro a mi marido, vivo pero lívido, blandiendo el último ejemplar de *Safo* contra mí, debatiéndose entre la indignación y el vómito.

—¿Qué es esto? —temblaba como una hoja—. ¿Qué hace una porquería como ésta en el baño de mi casa?

—Tranquilizate querido, yo te voy a explicar... —musité.

—Qué me vas a explicar —continuó—. ¿Qué las comprás para cuando se te acaba el papel higiénico...?

—¡Ay, por favor, no te pongas así! —alcancé a decir, mientras se la arrancaba de la mano y la tiraba al inodoro—. ¡Te juro que yo no la compro!

—¡Dejáme adivinar! —gritaba descontrolado—. ¡Ya sé! ¡Se la olvidó el lechero cuando vino al baño!

—¡Basta! —aullé—. ¿Pero qué te pasa, te volviste loco? ¡Si yo te digo que no la compré es porque no la compré!

Pareció tranquilizarse. Le cambió la expresión de los ojos y ya con otro tono me preguntó:

—Y entonces, ¿por qué la tenés?

—¡Porque yo escribo ahí!

Lo vi envejecer veinte años.

Buscó mi artículo, lo leyó de un tirón y mirándome con una tristeza incalculable, sentenció:

—¡Quisiera que nunca hubieras aprendido a escribir!

—¡Y yo que nunca hubieras aprendido a leer!

Y se fue profiriendo maldiciones por haberse casado con una "enemiga del matrimonio".

Allá él.

Yo no estoy en contra del matrimonio.

¡Es el matrimonio el que está en mi contra!

La mayoría de las mujeres de mi generación nos pasamos la infancia tratando de agradar a nuestros padres; y la edad adulta tratando de agradar a nuestros hombres.

Personalmente, en ninguno de los dos casos logré saber qué era lo que querían.

Una de las preguntas que me hago más a menudo —junto con millones de mujeres— es: ¿qué quieren los hombres?

Según Isaac Singer, escritor y Premio Nobel, "los hombres querrían que nos acostáramos prostitutas y nos levantáramos vírgenes".

Según una amiga mía, lo que los hombres quieren de una esposa es una tonta que lo crea perfecto.

Según la doctora Diu, "aparentemente, buscan algo lo más parecido a su madre para casarse, y lo menos parecido a su mamá para hacerle los cuernos a su esposa, tan parecida a su madre que no los excita.

"En el caso de que alguno de ellos deshaga el matrimonio con su mamá, y logre casarse con alguna parecida a ella, pueden pasar dos cosas: que se quede toda la vida con ella y la cornee hasta que la muerte los separe, o que se enamore de una mujer completamente diferente y abandone a su santa esposa-madre.

"En estos casos, la 'destructora de hogares' suele ser una mujer económicamente independiente, moderna, liberal y que hasta los huevos fritos los compra en la rotisería.

"Él se enamora perdidamente porque ella es así, tan libre, tan dueña de sí misma, tan plantada en la vida que no lo necesita a él para respirar, como la otra.

"Pasado un tiempo prudencial de un amor tempestuoso y volcánico, él, poco a poco, irá tratando de convencerla de que aprenda a cocinar, ya que a él le gusta la comida casera; de que no trabaje tanto, porque no tienen tiempo para estar juntos; de ir influenciándola en sus opiniones, en su manera de vestir, de hablar, de comportarse, hasta transformarla imperceptiblemente en otra.

"Más parecida a su mamá que la anterior.

"Y lo más probable es que ella lo haga por él.

"Y así ad infinitum".

Y todo esto me mueve a una reflexión: ¡Cómo no van a limpiar las mujeres que están confinadas a la casa!

Si yo tuviera que estar las veinticuatro horas del día en el mismo lugar, con el mismo marido, los mismos chicos rayándome los mismos muebles sería capaz de limpiar hasta mi conciencia.

Gastaría la casa de tanto limpiar, para paliar tanta frustración anónima.

Iría haciendo lascas en las paredes, como los presos en las celdas, marcando alguna huella de mi paso por este mundo que no fuera perecedera como la mugre.

No, ¡qué digo!, la mugre es imperecedera; lo que es perecedera es la limpieza.

Firmaría los zócalos impolutos con cincel y martillo, así, tal vez mañana, en otra era de la humanidad, los arqueólogos podrían encontrar vestigios del trabajo de las "amas de casa", extraños entes humanos que solían vivir en cautiverio y cuyo oficio consistía en limpiar infinitamente algo que infinitamente se volvería a ensuciar, con resignación infinita y en el más infinito anonimato.

Definitivamente, creo que la más sabia de las mujeres que existe es una tía mía, de sesenta años, soltera por vocación inconmovible, con la que una vez sostuve este diálogo inolvidable:

—Tía, ¿por qué no te casaste, si yo sé que tuviste un montón de pretendientes?

—¡Ah, querida, porque en mi época los hombres para casarse querían que la mujer fuera una dama en el salón, una cocinera en la cocina y una prostituta en la cama!

—¿Y a vos qué fue lo que no te gustó?

—¡Qué ninguno quiso pagar los tres sueldos!

El matrimonio

Seguramente el matrimonio debe de haber tenido, en su origen, algún sentido espiritual profundo perdido ya en la noche de bodas de los tiempos.

Pero tratar de reducir la insondable experiencia del Amor para encajarla en el pequeño esquema de un matrimonio convencional, o —lo que es aun más común— pretender adquirir el amor eterno al bajo precio de un mero contrato entre las partes, me resulta tan descabellado como clavar mariposas en un cuadro confiando en que ésa es la manera de eternizarlas.

La institución matrimonial pasó a ser algo así como el coche con caballos, algo inventado para la gente de otra época, una época en la que al hombre se lo preparaba para gobernar a una familia, y a la mujer... ¡para votarlo!

Tampoco deberíamos olvidar que el tema de casarse para toda la vida fue creado en una época en la que "toda la vida" eran aproximadamente 30 años.

Las mujeres se casaban a los 17, tenían diez hijos al hilo y morían de viejas a los 30.

¿Qué otra cosa podían hacer después de tener diez hijos al hilo?

La que se quedaba soltera llegaba a los 40 fácil, pero generalmente se suicidaba, lo que estaba mucho mejor visto que ser una solterona.

Y por último estaban las estériles, que cuando se enteraban se querían morir.

Y así fue cómo los hombres decidieron inventar el divorcio, porque el matrimonio los estaba dejando sin mujeres, ¡qué paradoja!, ¿no?

Pero lo peor de todo —a mi modo de ver— es la frase: "Hasta que la muerte los separe".

Si la intención del que puso semejante espada de

Damocles sobre los pobres cónyuges fue la de brindar algún tipo de seguridad, a mí me suena tan segura como una condena a cadena perpetua.

Me da claustrofobia entrar en una situación de la que sólo se puede salir muriéndose.

Y me da pánico pensar en que alguien sea capaz de morirse con tal de dejarme.

Yo no me quiero casar... ¿y usted?

La bigamia es tener un marido de más.
La monogamia es lo mismo.

ANÓNIMO (UNA MUJER)

El matrimonio parece un lecho blando.
Pero los clavos están debajo.

ERICA JONG

El hombre y la mujer se casan porque no saben
qué hacer con ellos mismos.

ANTON CHEJOV

En la antigüedad, los sacrificios se hacían ante el
altar. Esa costumbre aún perdura.

HELEN ROWLAND

El matrimonio es una comedia de dos personajes
en la que cada uno estudia el papel... del otro.

OCTAVE FEVILLET

El primer año es el más difícil.
Los demás son imposibles.

ISIDORO LOI

La infidelidad

"Detrás de todo gran hombre hay una gran mujer.
Y detrás de ella está la esposa de él."

GROUCHO MARX

INFIDELIDAD

¡Hollywood que me mentiste tanto y sin embargo te sigo siendo fiel!

Hollywood que me hiciste creer que el matrimonio era un maravilloso viaje sin accidentes ni despeñaderos, un vehículo perfecto e indestructible, con asientos reclinables y cinturón de seguridad perenne.

¡Pero te olvidaste de contarme que no incluía seguro contra terceros!

La infidelidad es hija de la incomunicación, hermana de la culpa y socia del silencio.

No es privativa de ninguno de los sexos, pero es algo que tanto hombres como mujeres prefieren desarrollar en privado.

Y lo primero que deberíamos aprender sobre el tema es a no ser el último en enterarnos.

La necesidad de poseer o ser poseídos, de someter o ser sometidos, convierte a la pareja en una relación estrecha en la que la infidelidad puede aparecer como una válvula de escape. ¡Y vaya si aparece!

Porque la infidelidad no es una causa, sino una consecuencia de una acumulación de pequeños ocultamientos.

Tal vez si pudiéramos pedir no habría infieles.

Pero así como la confianza y la traición son parte de la vida, también deberían serlo el perdón y el reconocimiento de nuestros errores.

¡Por supuesto que hace falta valor!

¡El amor no es terreno de cobardes!

Pero consolémonos pensando en la enorme cantidad de esposas y de esposos que sí son fieles.

¿No sería maravilloso que se casaran entre ellos?

avivando gilas

Su mujer es mala y no lo comprende.

Su mujer es buena y lo comprende pero él se aburre y no siente pasión.

Su mujer es buena y mala a la vez.

Se están separando.

Están separados pero viven bajo el mismo techo.

No la puede dejar por los hijos.

No la puede dejar porque ella está enferma.

No la puede dejar porque ella tiene la guita.

No la puede dejar porque ella es alcohólica.

No la puede dejar porque está loca.

No la puede dejar porque ella lo puede mandar en cana por todo lo que sabe de él.

No la puede dejar porque si no ella se suicida.

No la puede dejar porque si no ella lo mata.

No la puede dejar, punto.

Si es buen mozo, inteligente, bien vestido y de edad razonable... es casado.

Si te da sólo el teléfono de la oficina o del movicom... es casado.

Si trabaja los fines de semana... es casado.

Si te quiere llevar a un hotel a la hora de la siesta... es casado.

Si no te lleva la contra en nada... es casado.

Si está desesperado... es casado.

Si te mira y se le cae la baba... además de casado es baboso.

Para qué me voy a comer una hamburguesa por ahí teniendo un bistec en casa.

PAUL NEWMAN

Si amas a alguien, déjalo libre.

STING

Estoy enamorado de la misma mujer desde hace 40 años.
Si mi esposa se entera, me mata.

HENNY YOUNGMAN

El divorcio

En la tan mentada guerra de los sexos, el divorcio pasa a ser la batalla campal.

Es que aquí se sale del cuerpo a cuerpo para entrar en el múltiple despliegue de artillería.

Y no son batallas cortas.

Uno se puede casar en unos meses, pero divorciarse siempre lleva un par de años... con el viento a favor.

Cuando mi hermana cumplió los 35, el marido le preguntó qué quería de regalo y ella le dijo: "¡el divorcio!"

¿Saben qué le contestó él?

"¡Pedime otra cosa, querida, porque no pensaba gastar tanto!"

¿Cuándo se divorcia uno? Cuando las gracias que te hacían reír del otro te empiezan a revolver el estómago.

Aunque todavía hay muchos que piensan que el divorcio destruye a la familia y prefieren quedarse juntos haciéndose la vida imposible.

¡Para mí, la culpa la tiene Hollywood! Hollywood que nos hizo creer que el matrimonio era un seguro contra todo riesgo, que la felicidad se podía guardar en el cajón de las medias y que el amor no tenía precio.

¡Pero se olvidó de contarnos lo que cobraban los abogados!

Es que el matrimonio será una lotería... ¡pero el divorcio es la ruleta rusa!

DIVORCIADA, DE HUERTA GRANDE

Querida Dra. Diu:

Tengo 38 años y hace seis que estoy divorciada.

Vivo en un pueblo muy chico y las personas tienden a marginarme por mi condición.

No todas, claro.

Muchos son los hombres que se acercan por las noches a mi casa a ver si necesito algo.

Y a veces, necesito.

Pero nadie me invita a su casa, ni me dejan acariciar a los perros por la calle.

Los niños del pueblo cantan "La divorciada", con música de "La cucaracha", y el padre Casto ha hecho exorcizar mi casa.

Se me ha hecho culpable de las dos últimas inundaciones y del cáncer de mi ex suegra, que vive conmigo, ya que el hijo antes de abandonarme por otra vendió la granja de su madre.

¡Ya no soporto vivir así!

¿Cree usted que debería irme del pueblo a empezar otra vida diciendo que soy soltera o viuda?...

¿Habrá gente distinta o voy a mudarme a la ciudad sólo para ser la divorciada del 3º E?

Cualquier respuesta que me dé será un bálsamo para mí, ya que hace años que nadie me dirige la palabra.

Querida Divorciada de Huerta Grande:

Tu desolador testimonio habla a las claras de que las injusticias que se cometen día a día contra las mujeres no terminan en la General Paz.

No me parece necesario que cambies de pueblo ni de ciudad.

Tenés que cambiar de postura, transformarte en una mujer nueva, en una mujer del 2000... ver las cosas de otra manera.

Decís que son muchos los hombres que se te acercan... ¡Dichosa! ¡Disfrutalos sin culpa y a escondidas!

¿Qué no te hablan?...

¡Querida!... ¡No es porque estés divorciada!...

¡Los hombres no tienen nada para decir!

Dra. Diu

Mi pez favorito: una piraña en la bañera de mi ex mujer.

W. C. FIELDS

Los hombres no se separan: cambian de mujer.

G. A.

Sé muy romántica, pero mantené la propiedad inmobiliaria a tu nombre.

ERICA JONG

Sólo se conoce de verdad a una persona cuando te cruzás con ella en un tribunal.

NORMAN MAILER

Un divorciado que se casa con una divorciada tiene en la cama cuatro opiniones.

TALMUD

El divorcio se remonta a la misma época que el matrimonio. Yo creo, sin embargo, que el matrimonio es algunas semanas más antiguo.

VOLTAIRE

La maternidad-paternidad

"A veces, cuando miro a mis hijos pienso:
Lilian, debiste quedarte virgen".

LILIAN CARTER

En la relación entre los sexos, la maternidad-paternidad es un tema que no se puede soslayar ya que tiene que ver —nada menos— con la continuidad de la especie. Y yo les propongo algo:

¿Vamos a considerar a la continuidad de la especie como algo necesario? ¿Aunque sea por hoy?

La maternidad, como todas las vocaciones, debería tener una preparación previa. Todavía no puedo comprender cómo una sociedad que le exige a un individuo un examen hasta para manejar un auto permite que la gente se tire sin red en un compromiso como la paternidad.

Además, con unos cuarenta o cincuenta años de práctica podríamos estar preparados.

Pero, así como no todas las personas que tienen buena voz están obligadas a dedicarse al canto, no todas las personas que tienen útero están obligadas a dedicarse a la maternidad. Y mucho menos, exclusivamente.

De cualquier manera, es muy difícil ser mujer y renunciar a la experiencia más extraordinaria que nos ofrece la vida.

Por eso mismo, yo creo que es fundamental una participación más activa de la mujer con su instinto materno, en todas las áreas de este mundo, para la supervivencia del planeta.

Y creo que es fundamental una participación más activa del hombre, con su instinto paterno, en la crianza de los hijos, para la supervivencia de las mujeres y los niños.

Madre Cobarde

La revolución sexual, el feminismo, el acceso a más lugares de poder en la sociedad y la propia búsqueda de su identidad, han llevado a la mujer de hoy a tener que cubrir un exceso de roles —muchas veces insoportable— que la hacen vivir la maternidad de una manera muy distinta a la que soñaron los poetas y a la que nos prometió la mitología popular.

"Madre hay una sola" (¡Gracias a Dios! La mayoría de nosotros apenas pudimos sobrevivir a una); "La madre es el único Dios sin ateos en la tierra"; "Madre Coraje"; "Con la vieja no", etc.

Todas estas frases alimentan el mito de la madre sin mácula, de la teta infinita, gran inspiradora de tangos y de machistas.

Yo, que soy desterradora de mitos por vocación y madre por convencimiento, quiero rendirle un homenaje a la madre moderna, que trabaja afuera y adentro, y que —haciendo malabares entre las responsabilidades, las culpas, el miedo y el amor— cría a sus hijos muchas veces sola, sin dejar de ser ella misma.

Por eso estas cartas de mi amiga Raquel, una azafata que se fue a vivir a Madrid y decidió tener un hijo a los cuarenta años, contra viento y mareos.

Querida Gabriela:

Te escribo desde el exilio sin retorno que significa estar embarazada de diez meses.

Sí, como lo oís con tus propios ojos.

Ya llevo diez meses de embarazo y sin novedad en el fondo.

El médico dice que es mi culpa. Que tengo tanto miedo, que lo aprieto y no lo dejo salir.

Pero yo no estoy de acuerdo.

Para mí que es él, que no me quiere conocer.

Me aconsejaron que me mueva mucho, a ver si puedo acelerar el parto.

Me paso todo el día subiendo y bajando escaleras y fregando pisos a ver si se me sale, pero no hay caso.

Para peor, está haciendo un calor que se caen los pajaritos fritos y el embarazo me subió la temperatura corporal.

Tengo unos calores que, si no estuviera embarazada, creería que estoy menopáusica.

Entre el calor de afuera y el de adentro tengo miedo de que se me sancoche el nene.

¡Ay Gaby!, yo sé que el pánico no es un buen consejero, pero por ahora es el único que tengo.

Te juro que si salgo bien de ésta me coso las rodillas.

Empecé terapia.

El obstetra me dijo que voy a necesitar ayuda en este embarazo, porque si sigo así de neurótica voy a tener al bebé de Rosemary.

Mi analista es un amor.

Con decirte que me está tejiendo dos chalequitos.

Uno de lana para el bebé y uno de fuerza para mí.

Hablamos mucho y a veces me tranquiliza.

Yo le cuento de mi temor al futuro, de que ya no pueda volver a trabajar.

Él me contesta que es probable, que va a ser difícil

seguir de azafata con un bebé, pero que por lo menos voy a tener a quién reprochárselo toda la vida.

Con Roberto no puedo contar, porque no me habla.

Justo cuando lo había convencido de que empezara a trabajar, la noticia de que íbamos a tener un hijo lo deprimió otra vez.

Dice que soy una egoísta al obligarlo a retomar el trabajo después de veinte años sin hacer nada.

Que una mujer de mi edad ya debería tener nietos directamente y que él no quería perpetuar esta especie.

Por ahí tiene razón.

No se puede criar a un hijo y a un marido al mismo tiempo.

Mi analista cree que estoy aterrada porque ya soy grande y pienso que el nene puede salir defectuoso.

Pero te juro que no es por eso.

Si hay algo de lo que estoy segura es de que un hijo mío va a ser divino, inteligente, talentoso y brillante.

Pero, ¿y si sale al padre?

¡Ah! Pero ya estoy decidida a operarle la nariz a la nena. Si es varón que se la banque.

Con respecto a la salud, el médico me dice que estoy hecha un toro.

Yo más bien me veo como una vaca.

Estoy desesperada por tener una náusea, un vómito, algo que me saque las ganas de comer.

Pero no.

Cuando se me pasa la ansiedad oral, me viene el hambre.

No perdí el apetito, ni el sueño, ni las ganas de fumar. Por ahora, lo único que perdí son las ganas de vivir.

Ay, Gaby, vos no sabés lo que es tener un cuerpo que no responde y una mente que no hace más que preguntar.

Ya no sé qué inventar.

Estuve yendo tres meses a un curso de "parto sin temor" ¡carísimo! con un profesor venido directamente de Estados Unidos.

¿Sabés cómo terminó?

¡Me devolvieron la plata!

¡Y además me pagaron extra para que me fuera, porque decían que asustaba a las demás!

Yo, más que un parto sin temor, necesito un parto sin estar.

Que lo tenga otra y yo los espero en casa.

(Pausa para llorar.)

Acabo de releer mi carta y no quiero darte una falsa imagen. No me gustaría que pienses que le tengo miedo al parto.

Yo le tengo miedo al hijo.

Porque ya lo amo más que a mí misma y eso me ha hecho un agujero en el ego.

Porque no soporto la idea de que sufra por las cosas que seguramente voy a hacer mal.

Porque sentirlo crecer en la panza es de un desborde emocional que me deja completamente desvalida.

Y —sobre todo— porque es lo único "para toda la vida" que existe.

Los maridos van y vienen. Pero los hijos quedan.

¿Cómo hacen las otras mujeres? ¿En qué piensan? ¿Habrá que ser más inconsciente? ¿Dónde está el piloto?

¡Cuando pienso que mi madre tiene veintisiete años más que yo y a mí me resulta antediluviana!

A mi hijo le va a dar vergüenza sacarme a pasear en su cohete.

¿A vos te parece?

¿Con todo lo que yo voy a hacer por él?

Además es evidente que no quiere salir a conocerme.

¿Cómo puedo estar segura de que este hijo es mío?

Recibí tu regalito.

Ya le puse tus sabanitas en la cunita y ya tengo hecha la valijita para el sanatorito.

Escribime cuanto antes, estoy reblandecida por los amigos.

No hay como un buen susto para estrechar los vínculos.

Elaborame alguna teoría acerca de lo razonable del pánico. Estoy dispuesta a pagar por ella, ¡mirá cómo estaré!

Si no tenés algo sabio para decirme, escribí las estupideces de siempre, que yo las voy a apreciar como nunca.

¡¡¡¡¡Socorro!!!!!
Raquel

DE PARTO

Queridísima amiga del alma:

¿Cómo estás?

Yo, aquí me ves, estrenando sentimientos a lo loco. Uno más divino que el otro.

Que me perdone Freud, pero no conozco un amor más apasionado.

Estoy muerta por mi hijo, babosa, elemental.

Soy su esclava fiel y amantísima y vivo hace veinte días inmersa en un mundo de pañales con caca, eructitos con vómito, noches sin dormir, angustias varias (¿qué le pasa?... ¡llora por hambre?... ¡pero si recién comió!... ¿no serán gases?)... como si estuviera en el mismísimo Nirvana.

Recién hoy encuentro un momento para sentarme a escribir, y no sólo porque no tuve un minuto libre, sino porque literalmente no podía sentarme.

Te cuento del parto.

El 25 a la noche, como a las seis de la mañana, no podía dormir y me levanté para ir al baño.

Me salió un líquido rosado y me di cuenta de que había roto la bolsa de agua.

Muy digna, me dije "Voy a esperar hasta estar segura".

Me temblaban las piernas, pero yo no se lo pensaba decir a nadie.

Me acosté en el cuarto del baby a fumar un cigarrillo.

Le empapé la cuna.

Pensé en llamar al médico, pero era muy temprano, y no quería despertarlo al cuete.

La primera contracción me dobló al medio.

Lo desperté.

Me dijo: —"Bueno Raquel, prepárese porque es el parto... "

A partir de ahí escuché como en una letanía: "Hola, hola, hola, ¿se cortó?, ¡hola, me oye? Raquel, dígame algo...".

"Padre nuestro que estás en los cielos... " (musité).

"La espero a las ocho en el sanatorio" —dijo él— y cortó.

Me temblaban las piernas de tal manera que no me podía ni vestir.

Lo fui a despertar a Roberto, que dormía como un tronco.

Le dije *"viene el baby"*, y del salto cayó en mis brazos.

Ya en el coche mis contracciones eran cada cuatro minutos y yo seguía chorreando agua.

Roberto estaba desencajado.

"Quedáte tranquilo mi amor, que yo estoy bien", le dije.

"Sí", contestó, *"pero me estás arruinando el tapizado"*.

Él se había aprendido el camino más corto al sanatorio, pero en ese horario salía todo el mundo a trabajar y la calle era un hervidero.

Parecía la *"Autopista del Sur"* y yo ya me vi pariendo en el asfalto.

Anduvimos un rato en círculos, pero lo único que avanzaba era el agua, que ya nos llegaba a las rodillas.

"Apurate querido, si no querés ser el padre de un anfibio".

Te la hago corta: nos perdimos.

Le preguntamos a un taxista dónde quedaba la calle Pío XII y nos dijo que estábamos en la dirección contraria.

Roberto echaba espuma por la boca.

En un rapto de lucidez, se me ocurre constatar la dirección en mi agenda.

Era la calle Juan XXIII.

¡Nos equivocamos de Papa!

Justo en ese momento se cruzó un coche de la policía y yo le dije: *"Estamos de parto, ¿dónde queda esta calle?"*.

Y —como en las películas— una voz me dijo *"síganme"* y nos guió al sanatorio con la sirena encendida.

Me llevaron a mi habitación entre cuatro, porque el temblor de mis piernas ya era un Parkinson.

Vino la comadrona y me metió una mano que casi me la saca por la boca.

Para mí que me rompió el resto de la bolsa a piñazos.

Pero yo muy bien. Muy controlada.

Contracciones cada dos minutos y entre una y otra aprovechando para relajarme.

De pronto, me da por vomitar.

Roberto ¡tan compañero! se puso a vomitar también.

Las contracciones venían ya a cada minuto, pero el rato que antes tenía para respirar ahora lo ocupaban los vómitos.

Así que la yegua de la comadrona aprovechó mi estado y me ensartó con un enema de cinco litros que me dejó sin apellido.

Pedí un calmante, porque los dolores se pusieron imbancables.

Me dieron una inyección maravillosa que me dejó en el limbo.

Me dolía pero no me importaba.

Le pregunté a la enfermera cómo se llamaba aquella panacea y me contestó: "Morfina sintética".

"¿Me da una docena para llevar?", le dije.

Pero la asquerosa no me las quiso dar.

Cuando se terminó el efecto, los dolores eran insoportables.

Pedí a gritos la peridural, pero tuve que esperar un par de horas —las peores— hasta que estuviera hecha la dilatación.

Cuando terminó la eternidad me la dieron.

Tres o cuatro inyecciones en la espalda, la última con una aguja de tejer.

Pero a los cinco minutos ¡el paraíso!

De la cintura para abajo como muerta.

Recién ahí se me pasó el temblor de piernas.

Ahora ¡a empujar!

Del primer pujo, descolgué el fierro de donde tenía agarrada la pierna.

A empujar.

Otra vez. Y otra. Y otra.

No sale.

Se le ve la cabeza pero no sale.

El médico me dijo: "Le voy a hacer un tajito para que no se desgarre".

"Haga nomás, dotor", le contesté.

Lo hizo y vinieron dos enfermeras con sábanas para detener la hemorragia.

De golpe se oyó un ruido seco.

"¿Qué pasa?" —me asusté.

"Nada señora, su esposo se desmayó, pero por lo menos paró de vomitarme la espalda. Empuje."

No sale, no sale.

Después de otra eternidad, el nene sacó el brazo derecho.

Yo no sé si quería doblar o ver si llovía, pero el médico lo cazó del brazo y lo sacó.

Tenía el cuerpito verdoso y la carita morada.

No era una mala combinación.

Pregunté: "¿Está bien?... ¿tiene todos los deditos?"...

Me contestaron que sí.

Yo estaba agotada pero feliz.

Después me lo trajeron y me lo pusieron en la teta para que él fuera aprendiendo y a mí me subiera la leche.

Ni bien lo puse se prendió como si nunca hubiera hecho otra cosa y me hincó las encías con una fruición que sólo tienen los verdaderos amores.

Y a partir de ahí ya no me importó más nada.

Ni los dolores, ni las hemorroides, ni siquiera que me la haya dejado horizontal como la de las japonesas.

Con respecto al miedo al futuro del que te hablaba en mi carta anterior, me lo estoy tomando con mucha calma y poco a poco se me van disipando las dudas acerca de lo que tengo que hacer.

Si el futuro quiere venir, que venga.

Pero mi hijito y yo no tenemos apuro.

¡¡¡Soy feliz!!!
Raquel

EZEQUIEL

Madrid, a los tres meses,
doce días ¡y noches! de Ezequiel

Es hielo abrasador
es fuego helado
es herida que duele y no se siente
es un futuro bien, un mal presente
es un breve descanso muy cansado.
(O algo así.)

¡Adivinaste!
Te estoy hablando de mi hijito.
Sobre todo por lo del cansancio.

¡Ay! Gaby, Gaby, vos sabés que yo estaba preparada psicológica y emocionalmente para este evento, pero nunca me imaginé que para tener un hijo hacía falta un entrenamiento físico como para subir a un ring.

Te escribo esta confesión a las tres de la mañana, cuando ya —hecha jirones— logré dormir al angelito.

Estos momentos sólo son posibles si logro dormirlo en un horario en el que yo todavía pueda estar en pie.

Mi hijito me tiene tan sorbido el seso que mi cumpleaños pasó sin pena ni gloria.

Ni siquiera tuve tiempo para agarrarme la crisis de los cuarenta.

Voy a ver si me la agarro el año que viene, espero que no sea demasiado tarde.

Pero está tan divino mi adorado tormento.

Mi vida ha cambiado totalmente, y si antes me sentía vacía, ahora Ezequiel lo llena todo.

Y si no me creés, preguntale a los vecinos.

El trabajo de madre es realmente agotador, pero... ¿sabés qué tiene?... ¡está muy bien pago!

Un pedito de tu hijo es un sonido del cielo; un provechito, un néctar de ambrosía, y una buena caquita es el maná del desierto.

Y ni te cuento lo que te puede producir una sonrisa o una mirada, porque no existe con qué compararlo.

Además —no sabés— es un santo, un angelito.

Salvo cuando tiene gases, o hambre, o hay que cambiarlo, o cuando se despierta, o cuando se duerme, o cuando vuela una mosca, o cuando hace caca, o cuando hace pis y caca, no llora nunca.

Tampoco me gustaría que creyeras que la vida familiar está exenta de aventuras e imaginación.

Yo doy largos paseos por los pasillos de mi casa pensando y pensando en la mejor combinación de las papillas para que el bebé duerma cuatro horas seguidas sin que lo despierten los pedos.

No lo quiero tener todo el día en brazos para que no se malcríe, pero si lo dejo llorar tengo miedo de que se traume.

Si le doy de comer cada vez que llora temo estar criando a un futuro obeso, pero si pienso que llora por hambre, y no le doy, me siento la madrastra de Blancanieves actuada por Joan Collins.

Con la caca, tampoco sé qué conviene.

A veces está sequita pero supositorios no le pongo, porque tengo miedo de que le gusten.

Pero el otro día estaba tan blandita que le hizo en la cara al padre.

¿No es un genio mi bebé?

¡Tres meses y ya se expresa mejor que yo!

El pediatra me dijo que le diera de comer quince minutos cada tres horas.

Él come tres horas cada quince minutos.

¿No está mal para empezar, verdad?

Pero si hasta hoy fue perfecto, ahora se pone mejor.

Cuando le abro el agujerito del pis, como me mandó el pediatra, ¡se le para la pistolita!

Lo que demuestra que si hay algo que le funciona bien es el Edipo.

No, fuera de broma, él está cada día más divino, pero yo ya parezco una mujer de cuarenta años y no hay derecho.

Después de arduos tratamientos de ayuno, he llegado dolorosamente a los sesenta kilos de peso.

Es lo que pesaba antes cuando estaba gorda.

Parece mentira que la piel —después de estirarse para abarcar dieciocho kilos más— pueda volver a su lugar por sí sola.

Pero es así.

Mi abdomen está exactamente igual que antes del embarazo.

Fláccido.

Los senos no se me cayeron mucho más, pero me quedaron de una inconsistencia tipo babosa.

Eso sí, los nudos se me fueron todos.

¡Pensar que eran lo único duro que tenía en el cuerpo!

Bueno, de afuera estaré blandita, pero sigo bien tensa por dentro.

Hoy, unas vecinitas, al ver una foto de mi mamá, me preguntaron si era yo cuando era joven.

¿No es un chiste buenísimo? ¡Bueno, pues es verdad!

¡Ay, Gaby!, ¿no era bastante con ser tan neurótica?, ¿¡También tenía que ponerme veinte kilos más vieja!?

¡Señor! ¿No te estarás ensañando con tu ahijada?

Me hice una radiografía de columna y parecía "la escalera de caracol" de Hitchcock.

Me salieron caries en las fundas, tendría que hacerme un transplante de juanete y ya tengo celulitis en las várices.

Me corté el pelo y me hice una permanente.

Quedé igualita a Ana Frank cuando era vieja.

Roberto sigue igual.

En el mejor de los casos, no sirve para nada, en el peor, obstruye todo.

Ya no le alcanza con que hierva las mamaderas durante veinte minutos, ahora quiere que me hierva las manos.

Él no hace nada pero quiere hacer menos porque dice que se cansa.

La bolilla de padre no era la que mejor se sabía.

Está tan deprimido que hace como un mes que no se baña.

Está por batir el récord de permanencia fuera del agua.

¡No quiere comer manzanas porque dice que le limpian los dientes!

Así que —en cualquier momento— voy a tener que retomar mi laburo de azafata.

Y al bebé, no sé, lo pondré debajo del asiento con los salvavidas.

Pero hay que tomar pronto una decisión con respecto al dinero, y por supuesto lo tengo que hacer yo, que para eso soy el jefe de la familia.

Bueno muñeca, te tengo que dejar porque me reclama mi "divina pesadilla".

Si, al fin y al cabo, ¿qué es una madre?

Una mujer que come cuando no tiene hambre, duerme cuando no tiene sueño y va al baño cuando no tiene ganas.

Te quiero
Raquel

Hijo muy único

Madrid en invierno

Querida Gabriela:

¿Cómo estás?

¡Qué alegría me dio tu carta!

¡Así que estás pensando en poner un huevo vos también!

¡Enhorabuena!

¿Te casaste? ¿Tenés muchacha? ¡Contestáme primero a lo segundo!

Ojalá se te dé y sea una nena, ¡así tenemos el casalito a medias!

¡Qué noticia!... ¿Lo pensaste bien?... ¡Mirá que no es como en las películas de Hollywood!... ¡Es más bien tirando a Almodóvar!...

¿No querés que te mande a Ezequiel unos días antes de tomar la decisión?

No, fuera de broma, ¡no sabés qué divino está mi angelito!

Según su pediatra está en plena etapa de autoafirmación, así que tuve que cambiar los muebles de roble por unos de hierro blindado, porque con éstos no va a poder hacer leña.

Recién va a cumplir cuatro añitos, pero grita, patea y escupe como si tuviera muchos más.

Nos acabamos de mudar de barrio, porque en el otro ya no queda ninguna mamá que me mande a los nenes, y Ezequiel necesita amiguitos para torturar.

Roberto dice que la culpa es mía por no ponerle límites.

Pero una madre es una madre es una madre es una madre.

Cuando el nene llora, él lo quiere matar, en cambio yo me quiero morir.

Yo le pongo los límites cuando los encuentro, pero nunca me acuerdo dónde están.

Roberto opina que a mí me da más temor quedarme a solas con el nene que enfrentarme con Drácula y Frankenstein juntos.

Pero eso no es cierto.

Lo que pasa es que cada vez que sale la empleada me da asma.

Por suerte pude resolver el tema económico, ya que me dieron licencia por tiempo indeterminado.

¿Te acordás que al poco tiempo de nacer Ezequiel se me juntó la depresión posparto con la premenopáusica y me agarré un "pánico de vuelo" que me duró tres años?

Bueno, de eso me curé, pero ahora tengo miedo de salir a la calle y que se me caigan los aviones encima.

Ya cambié como cinco analistas y cada día tengo más miedo.

El año pasado fui a dos terapeutas al mismo tiempo.

Iba al primero para que me sacara el miedo al otro.

Ahora empecé con un ortodoxo.

Yo, más que ortodoxo, lo veo cuadrado, pero por lo menos con un analista te podés sentir mal en un horario.

Lo que me revienta de él es que le eche la culpa de todo a mis padres, que se han deslomado por mí.

Todo el mundo sabe cuánto se despreciaban, pero jamás en la vida se les cruzó la idea de separarse.

Y no lo hicieron ¡por mí!

Yo les debo todo lo que soy.

¡Mi madre no se despegaba de mí ni para dormir!

Ella no dejaba que yo tuviera miedo; ¡si me llevó a mi primer analista cuando cursaba la primaria!

¿Te acordás que —cuando yo no podía con los deberes— me gritaba: ¡Burra! ¡Burra!?

Bueno, ¡después me llevó al analista a averiguar por qué me crecían las orejas!

Todos los domingos me llevaban a la heladería a ver cómo los otros chicos comían helado.

¿Qué más se les podía pedir?

Ya sé que no eran perfectos, pero a ellos no les gustaba divertirse, por eso me obligaban a aburrirme.

¿Ves? Mi hijo nunca me va a poder reprochar algo así a mí.

Yo lo OBLIGO a disfrutar.

Pero es muy difícil ser madre en esta época.

Son demasiadas las decisiones que hay que tomar y es imposible saber si lo que hiciste estuvo bien hasta que no crezcan y te escriban una carta al geriátrico.

Para mí, todo este balurdo lo armó Freud, y que me perdone mi analista que piensa que Freud era el Mesías y que él es el único que se dio cuenta.

A mí, Freud me cagó la vida.

Porque antes de saber que existía algo como el inconsciente una no pensaba en las consecuencias de sus actos como ahora.

Nuestros padres no tuvieron tantos pruritos para criarnos. Hacían lo que les parecía y listo.

Ésa era la ley.

En cambio, yo no me animo a pegarle al nene porque me da culpa y temo que me odie. A veces me odia sin que le pegue, pero yo no le pegaría por odiarme. *Es probable que cuando crezca me culpe de no haberle pegado a tiempo y me pegue él a mí. Pero yo no lo culparía por pegarme, porque la culpa sería mía, por no haberle pegado cuando todavía él no podía odiarme. Tal vez la culpa la tengan mis padres que me odiaban si yo no me dejaba pegar. Yo odiaba que me pegaran, pero me daba tanta culpa, que prefería dejarme pegar y odiarme a mí misma, etc., etc., etc.*

Últimamente pienso tanto que ya la cabeza me está apretando de sisa.

Cuando yo era chica mandaban los grandes.

Ahora que soy grande mandan los chicos.

A mí, ¿cuándo carajo me toca?

¿Y si te compraras un gatito?

Besos
Raquel

Me he casado con un vientre.
                              NAPOLEÓN BONAPARTE

Cuando nace un niño, la madre siente que tuvo un marido, y el padre siente que la mujer tuvo un amante.
                                          PAREDERO

¡Madre hay una sola! ¿Y justo me tuvo que tocar a mí?
                                          UN NIÑO

El trabajo

Cuando yo era niña —de esa edad en que se empieza a fantasear qué va a ser una cuando sea grande— solía pasear con mi mamá por unas calles de Montevideo en la que estaban todas las embajadas extranjeras.

Eran unas casas bellísimas, con enormes parques y jardines alucinantes, delante de las cuales sostuvimos —varias veces— este diálogo inolvidable:

—Mamá, cuando sea grande quiero vivir en una embajada.

Y ella, con su infinita sabiduría, me contestaba:

—¡Casate con un embajador!...

Así fue como descubrí que —por aquella época— los únicos trabajos recomendados por la sociedad para una dama eran la caza y la pesca.

Por si esto fuera poco, después llegó Hollywood, que me confirmó que el verdadero trabajo de una mujer era conseguir que trabajasen por ella.

Que si yo era una chica buena, callada, obediente y

aprendía a tocar *Para Elisa* en el piano me casaría con un hombre maravillosamente millonario que me llenaría la casa de pianos para que yo tocara *Para Elisa* eternamente, mientras nuestros hijos rubios y millonarios se criarían solos corriendo por el parque para no escuchar *Para Elisa*.

Lástima que Hollywood se olvidó de contarme que además de la música ¡había que aprender la letra!

* * *

Pero algunas mujeres quisieron más que eso.

No se resignaron a ese mandato y decidieron seguir una vocación, independizarse económicamente y trabajar fuera del hogar, sin abandonar sus lugares de esposas y de madres.

Y muchas lo consiguieron.

¡Sólo que están demasiado cansadas para disfrutarlo!

Tal vez, en el futuro, mujeres y hombres reciban una educación igual que los prepare para asumir juntos todas las responsabilidades de la vida, y entonces el trabajo —ya sea el de adentro como el de afuera del hogar— dejará de ser una manera más de dividir a la pareja y podrá convertirse en la mayor expresión del amor y la ayuda recíprocos.

Querida Dra. Diu:

A los 18 años dejé de estudiar para casarme con un hombre maravilloso que hoy es una sociedad anónima.

Llevamos diez años de casados.

La casa es grande, tenemos nueve hijos, tres perros y mucho dinero, todo a nombre de sus empresas.

Él hace oro todo lo que toca, pero ni siquiera eso lo inspira a tocarme.

Si me sacara el Loto me iría mañana mismo a buscar una mano que me acaricie con ternura, pero en mi situación, con nueve hijos, y sin dinero propio, sólo voy a tener tiempo para buscar trabajo. Y hacerlo.

¿Merezco después de haber dado tanto, este trato canalla e inhumano?

¿Qué hacer?... ¿Irme?... ¿Quedarme?... ¿Envenenarlo?... ¿Buscarme un amante?... ¿O poner una casa de tortas con mis amigas?

Querida Alterada:

Lo tuyo no es simple, pero por suerte es confuso.

Si hace diez años que te casaste y hoy tenés nueve hijos, no me suena a que duerman en camas separadas.

Si los chicos no son de probeta... o vos sos una pedigüeña... ¡o tu marido tiene una puntería increíble!

Dra. Diu

Cuídate del hombre que elogia a las mujeres liberadas. ¡Está pensando en dejar de trabajar!

ERICA JONG

A la hora del trabajo, una mujer tiene que hacer el doble de lo que hace un hombre para ser considerada la mitad de buena.
Por suerte, no es demasiado difícil.

FEMPRESS

En el trabajo de la casa, lo que para la mujer son "deberes" para el hombre son "favores".

MAITENA

Lo que la mujer ahorra vale tanto como lo que el marido gana.

REFRÁN MALTÉS

Psicópatas, psicoanalistas y otras ansiedades

Cada vez que conozco a alguien
que me gusta me pregunto:
¿Es éste el hombre con el que quiero que
mis hijos pasen los fines de semana?

Cuando mis amigos —por insólita unanimidad— decidieron que yo tenía que ir a un analista, y que ellos estaban dispuestos a pagármelo, empecé a pensar que algo conmigo no andaba bien.

Recién terminaba con el mayor psicópata de mi vida, y estaba en aquel estado en que queda una cuando termina con un psicópata.

Convencida de ser la única culpable de que él fuera hijo de madre soltera y de padre presidiario.

Sin embargo, pasé la mayor parte de ese año a su lado, segura de que ése era el príncipe azul y tratando de explicarme por qué había decidido elegirme a mí, que soy un gusano.

Si bien él nunca me llamó gusano específicamente, muchas veces me invitó a pescar y no llevó carnada.

Si pasaba más de dos horas en casa, se acercaba a la ventana y se ponía a piar como un canario enjaulado.

Pero nunca tomé como un acto de desamor el hecho de que no me tomara del brazo ni para cruzar la calle, o que me escondiera cuando se encontraba con algún amigo.

Para mí, él era un genio y todas esas excentricidades no hacían más que ratificar su genialidad.

Cuando pasábamos juntos un fin de semana (más no porque le salían herpes), en algún momento del día o de la noche se iba a su casa y volvía con excusas increíbles.

Tardé un año en darme cuenta de que no hacía caca en mi casa.

Me amó locamente hasta que decidió que yo no era lo suficientemente gusano como para estar con él.

Y se fue a refugiar para siempre en los brazos de su único y definitivo amor: ¡su mamá!

Ése fue mi último intento de tener pareja.

Ahora tengo un psicoanalista al que le pago para que no me deje volver a enamorarme.

Él me enseñó a disfrutar de mi propia ciénaga como si fuera ajena.

Y que todos estos fracasos afectivos no fueron en balde.

Hay algo que me quedó claro.

¡La convivencia es algo demasiado importante como para compartirla con otro!

avivando gilas

Los psicópatas son los especímenes más peligrosos del zoológico masculino.

Aparecen como el príncipe azul y una no se da cuenta de que eran un sapo hasta que ya es demasiado tarde.

El psicópata busca al culposo como las abejas a la miel. Y como todas las mujeres somos culposas, somos verdadera "carne de psicópatas".

Así que, amigas, aquí van algunos datos para que el próximo no las agarre tan desprevenidas:

Si hacen todo lo posible para que te sientas un gusano y cuando lo logran vienen a salvarte... son psicópatas.

Si te hacen regalos espléndidos pero no te dejan hablar en las reuniones... son psicópatas.

Si te dejan a mano papelitos con teléfonos de otras mujeres... son psicópatas.

Si te juran que te aman pero te hacen sentir una boluda... son psicópatas.

Si se hacen imprescindibles para que sientas que vos sin ellos no servís para nada... son psicópatas.

Si te histeriquean y te dejan con la pava caliente... son psicópatas.

Si te llenan de culpa... son psicópatas.

avivando gilas

Enamorarse del psicoanalista es como poder enganchar a papá sin tener que competir con esa bruja que se casó con nuestro papito querido.
O sea: mamá.
Pero el diván del psicoanalista es un excelente caldo de cultivo para dejar volar las fantasías con el hombre que se tenga más a mano, por ejemplo: él.
Y por si tienen la mala leche de encontrarse con un "psicópato-analista" (que los hay) entre los miles de profesionales serios (que también los hay) me veo en la obligación de advertirles ¡ojo con ellos!
Son especialistas en "hacer la croqueta".
Al cabo de muy poco tiempo de conocernos ya saben manejar todos los resortes de nuestras emociones, ¡y a veces, los manejan a primera vista!
No olvidemos que ellos también necesitan entretenerse.
Y entre tanto deprimido, angustiado, melancólico, esquizo, el romance con alguna paciente con problemas afectivos —o sea cualquiera de nosotras— no deja de ser un incentivo para sus cabecitas atosigadas de problemas ajenos y propios.
Así que les voy a ir indicando, para que se aviven, cuáles son los primeros síntomas de que a su terapeuta se le están mezclando las sesiones.

La llama mucho por teléfono.

No le cobra.

Le cobra, pero pone cara de asco cuando recibe el pago.
(Ojo con ése, además de manejador es amarrete.)

Le habla mal de todos los hombres que a usted le gustan.

La toca.

Le recomienda a la masajista, le consigue muchacha, le dice cómo preparar el apple strudel y qué número de diafragma tiene que usar.

Se babea cuando usted le confiesa que soñó con él.

Le cuenta sus cosas personales (que su hermano le pelea la herencia, que se droga sólo los fines de semana, que su mujer tuvo un aborto, etc.).

Le sirve café en todas las sesiones.

Le sirve sesiones en todos los cafés.

ANSIEDAD

Tiempo me pide el boludo de mi analista, justo de lo que menos dispongo. ¡Y encima me quiere comer el coco con que soy ansiosa!

¡A ver si una tiene que esperar años para ver el resultado de algo!

A mí qué me importa el presente, ¡lo único que existe es el futuro!

No importa el lugar en que esté, siempre quiero estar en otro lado.

No resisto tener un día por delante sin planificar, pero, si tengo planes, me angustio pensando si habré elegido el mejor.

En la ciudad uno está bombardeado de estímulos que incentivan la necesidad de querer hacer muchas cosas, pero en un día de campo o en el Tigre, donde no hay nada para hacer, me doy la cabeza contra el muelle de la desesperación.

Cualquier intento de vacación es inexistente porque si cuando estoy trabajando tengo la sensación del deber no cumplido, imagínense cómo me siento si lo único que hago es tomar sol.

¡Y ni hablar del amor!

Si estoy sola, no veo la hora de encontrar una pareja y cuando estoy en pareja envidio a mis amigas solteras que pueden salir con quien se les antoja.

Cuando conozco a alguien que me gusta me preocupa saber si me volverá a llamar.

Una vez que empezamos a salir quiero ponerle un nombre a la relación, que seamos novios, ¡algo!

Superada esta etapa, ya me inquieta que nos tengamos que separar cada día. Siento que lo único que me tranquilizaría es que nos fuéramos a vivir juntos.

Ahí me doy cuenta de que no hay felicidad completa hasta que tengamos un hijo, aunque también me pregunto... ¿es éste el hombre con el que yo quiero que mis hijos pasen los fines de semana?

Es en esos momentos cuando ya quisiera que hubiéramos cumplido las bodas de oro y estuviéramos internados en un geriátrico, tranquilos, hablando del pasado, pensando qué distinto hubiera sido todo si hubiéramos hecho otra cosa.

Y ni hablar de la profesión.

Se me ocurrió ser actriz, que es un trabajo de lo más inestable.

Cuando no tengo trabajo me desespero por conseguir aunque sea un contrato de un añito que me dé un mínimo tiempo de tranquilidad, pero una vez que firmo me siento atrapada pensando que empeñé mi vida por un año... 365 días... 8.760 horas... ¡la cantidad de cosas que me puedo perder!

Quiero conseguir el éxito masivo de una buena vez, así puedo cansarme de él y empezar a luchar por el prestigio, y una vez obtenido éste poder comenzar a hacer política y luego convertirme en una líder espiritual, y... ¡todo lo que me falta para ser una buena actriz!

Es que yo no sé si ustedes observaron que el tiempo pasa lento pero rápido.

Yo no pido tanto, lo único que quiero es que el futuro sea presente.

Tal vez tenga razón mi analista cuando me dice que soy ansiosa.

Hola... ¿Ansiosos Anónimos Argentinos?

¿Cuánto dura el curso acelerado de desaceleración?... ¡¿¿15 minutos??! ¿Tanto?...

¡Bueno!... ¡Afílieme YA!

¡¿Cómo que llegué tarde?!

Gimnasia mental

Hace unos días estaba en casa de mi amiga Bianca y conversábamos acerca de uno de sus temas favoritos: las teorías insólitas. La conversación llevaba más o menos este rumbo:

Bianca: ¿Viste que los animales domésticos se van pareciendo a sus dueños con el correr del tiempo?

Yo: Sí, ¡y al contrario también! ¡Yo noté que la princesa Ana de Inglaterra se parece cada día más a su caballo!

Bianca: Bueno, ¡pues yo acabo de descubrir que ciertas personas se parecen cada vez más a su auto!

Percibí un destello de crítica en sus ojos, pero en ese momento no entendí por qué.

Esa noche tuve un sueño rarísimo.

Soñé que Jane Fonda era mi gurú, y que me recibía, junto a millones de devotas de todo el mundo, en un enorme gimnasio.

Cada una de sus adeptas nos acercábamos a besarle los bíceps y le poníamos una vela encendida en el santuario para pedirle que nos consiguiera novio, como a una especie de Santa Antonia de Padua del año 2000.

Luego nos sentábamos frente a ella en posición de loto y escuchábamos sus sabias palabras:

"El cuerpo necesita músculos para sostenerse, y después de los cuarenta ya necesitaría vigas de acero.

"Si no, se convierte en una materia fofa a la que hay que tener un espíritu muy alto (y ancho) para sostener, y a veces tampoco alcanza.

"El cuerpo tiene que darle una ayudita al espíritu.

"Tiene que ser un lugar sólido, fuerte y sano donde morir.

"Los músculos son los pilares que sostienen nuestro edificio, y un edificio en ruinas es una carga enorme para el pobre inquilino, ya de por sí sobrecargado por los problemas en la azotea.

"El cuerpo no debe ser algo que arrastremos por la vida, sino nuestro hogar, nuestro vehículo por el mundo.

"Y el estado en que tengamos nuestro vehículo determina el estado de nuestro ser".

Me desperté sobresaltada: ¿en qué estado tenía yo mi vehículo, o sea, mi ser?

¿En el mismo estado que mi auto?

Recordé que el pobre tiene un motorcito bastante potente, ¡pero la carrocería está hecha pedazos!

¡Yo no sé cuidarlo porque no lo entiendo!

Les juro que en el único momento de la vida en el que extraño no tener un hombre es cuando se me rompe el auto.

O sea, casi siempre.

Los hombres y las máquinas se entienden mutuamente. Son de la misma raza.

Pero entonces, si la teoría de Bianca resulta cierta, ¡mi auto representa mi propia imagen!

¡Qué horror! ¿Tendré yo los guardabarros tan caídos?

¿Y las gomas tan desinfladas?

¿Se me estará herrumbrando el chasis?

¿Cuánto hace que no me miden el aceite?

¿Me estaré convirtiendo en chatarra?

Me agarró un ataque de ansiedad tan grande que eran las tres de la mañana y no me podía dormir.

No quería recurrir a los sedantes pero me empezaron a temblar las manos, así que me prometí. "Sólo por esta vez..." y me vacié el refrigerador.

Me comí hasta los cubitos de caldo.

Cuando me di cuenta de que estaba raspando el frasco de la mostaza, decidí parar y detenerme a reflexionar.

(No puedo pensar con el estómago vacío.)

El mensaje —explícito o no— que recibimos las mujeres de mi generación es el de que nos convenía ser lindas y tontas.

Yo ya era tonta, porque lo tomé al pie de la letra, así que dediqué todos mis esfuerzos a ser lo más linda posible.

Pero, como era previsible, el resultado no me dejó satisfecha (no conseguí ser tan linda) y comencé a cuestionar aquellos mandatos (no conseguí ser tan tonta).

Así que me rebelé y decidí ser fea pero inteligente.

Aunque ahora estoy empezando a pensar que se me fue la mano.

(Con la fealdad, no con la inteligencia.)

Me paso mirando a las mujeres lindas y pensando... después de todo, ¿qué tenía de malo ser un objeto sexual?

Ser una muñequita de lujo, deseada a primera vista, colgada del brazo de un hombre como un adorno valioso... que te digan todo lo que tenés que hacer, no tener la obligación de pensar... ¡Se me hace agua la boca!

¡Dios mío! ¿Qué estoy diciendo?

¡La grasa me debe estar taponando el cerebro!

¡El colesterol está haciendo estragos en mis neuronas!

¡Estoy *pensando* como una gorda!

¡Mi último baluarte se rinde! ¡La gordura está invadiendo mi *mente*!

¡Tengo que hacer algo urgentemente!

Esto ya no tiene que ver con la estética sino con la salud mental.

Tengo que adelgazar.

Al fin y al cabo, ser fea e inteligente resulta lo mismo que ser linda y tonta.

Y por si esto fuera poco, se corre el riesgo de convertirse en fea pero tonta.

¡Me niego a ese destino!

¡No estoy dispuesta a soportar más comparaciones odiosas con un auto hecho pedazos!

¡Ya sé lo que voy a hacer!...

¡Voy a cambiar el auto!

O mejor... ¡lo vendo y me dedico a caminar!

Mi amiga Bianca camina 708 cuadras por día, y la celulitis se le fue.

Pero... se le reventaron las várices.

¿Y si me compro un caballo?

El galope es lo mejor para los músculos de la entrepierna.

¡Te hace pelota la columna, pero todo no se puede tener!

¡O podría hacerme trapecista!

¡Eso seguro me va a fortalecer los brazos!

El problema es el vértigo, pero ¿y si cierro los ojos?

Seguí por este laberinto sin fin hasta que el cansancio me venció y me volví a dormir.

Soñé que había un concurso de ruinas.

Estaban las de Pompeya, las del Partenón, el Coliseo y yo.

¿Adivinen quién ganó el primer premio?

Me desperté a los gritos.

Esto ya se está convirtiendo en una obsesión y yo tengo que hacer algo.

Tengo que hacer gimnasia.

¿Pero cómo puedo hacer para que moverme se convierta en algo placentero, si el ejercicio más violento que hago es lavarme los dientes y me canso?

¿Por qué no puedo disfrutar de una gimnasia que no sea la mental?

¡Pero tengo que hacer algo por mi cuerpo, porque él ya no puede hacer nada por mí!

Se ha independizado para internarse en el camino de la perdición: las grasas, los azúcares y todas las cosas ricas de este mundo.

¿Por qué será que todas las gratificaciones tienen que ser orales?

¿No habrá ninguna escrita, que engorde mucho menos?

Bueno, en realidad hay una gratificación que no es sólo oral y que NO engorda (con un poco de cuidado).

Es más... ¡adelgaza!... ¡Hacer el amor!

Es el único ejercicio que conozco que reúne el movimiento y el placer.

Ni Jane Fonda podría haber inventado algo mejor.

Trabaja todo el cuerpo, la mente, las emociones.

Músculos y espíritu mancomunados en una tarea común, la sangre corriendo como loca de arriba a abajo, plancha las arrugas y... ¡cómo calma los nervios!

Además, en el caso de aquellas mujeres que tengan dificultades con el orgasmo el beneficio se duplica, ya que no creo que exista otro ejercicio en el que trabajen más los músculos.

Cada vez es como hacer pesas durante un año.

A mí me han llegado a doler músculos que no sabía que tenía.

Trabajan los glúteos, los muslos, los abdominales, todo es una gran muralla china, por donde no DEBE pasar el placer.

A veces pasa igual, pero en ese caso lo divertido es ver cómo queda el otro.

¡Acalambrado... para toda la cosecha!

En pocas palabras... si las mujeres hiciéramos suficientemente el amor no necesitaríamos ningún otro ejercicio para estar en forma.

Pero —siempre hay un pero— como todo ejercicio, para que funcione habría que hacerlo con un ritmo no menor de tres veces por semana.

Y —para mí— eso se llama Matrimonio...

¡Prefiero hacer gimnasia!

No será tan divertido, pero seguro que va a resultar mucho más barato.

* * *

SOLEDAD Y COMPAÑÍA

Es tan enorme el despliegue de energía que invertimos en la conquista de un hombre, que somos capaces de gastar la vida en ese propósito.

No nos animamos a quedarnos solas con nosotras mismas.

La soledad no es nuestro destino, pero tampoco nuestro castigo.

Es absolutamente necesario aprender a estar sola para poder estar acompañada. Si no aprendemos a convivir con nosotras mismas tampoco sabremos convivir con otro.

Si algún día nos animáramos a suspender la temporada de caza y nos quedáramos a solas con nuestros fantasmas nos daríamos cuenta de que son ellos —y no nosotras— los que están manejando nuestras vidas.

Pero nosotras los pusimos ahí, y nosotras los podemos sacar.

Así, tal vez, con el tiempo, podremos descubrir que una misma puede ser su mejor compañía.

Quizá también descubramos el pensar, ese ejercicio que habíamos dejado casi exclusivamente en manos de ellos y que puede llegar a convertirse en un hábito más que agradable.

Supongamos también ¿por qué no? que a través del pensar descubramos qué es verdaderamente lo que queremos, lo que somos, lo que nos gusta y lo que no, sin necesidad de que otro nos lo diga.

Hemos pasado tanto tiempo escuchando de boca de los hombres qué es lo "femenino", cuántos orgasmos "debemos" tener, cómo debemos lucir, qué debemos esperar, desear, sentir y ser, que se nos ha hecho verdaderamente difícil reconocernos si no es a través de esa mirada.

Ha llegado la hora de mirarnos en nuestro propio espejo.

Y confirmar que nos tiene reservada más de una sorpresa.

Por ejemplo, el descubrimiento de que cada persona es un pequeño universo en sí misma, una verdadera "pareja interior".

Sólo consiguiendo armonizar nuestra pareja lograremos verdadera armonía con otro.

La persona que amamos no es otra cosa que un espejo de la opinión que tenemos de nosotros mismos.

Cuanto más fuerte es la atracción, más cercano el espejo.

Aquello que sentimos que merecemos (aunque no lo sepamos) es lo que determina cómo será el objeto de nuestro amor.

Y cuando el otro no sea el adecuado, debemos preguntarnos qué desarmonía interior está reflejando.

Por eso, cuando nos enamoremos de alguien que no responde a nuestras expectativas, en lugar de gastar nuestras energías en tratar infructuosamente de cambiarlo buceemos en nuestro interior y preguntémonos por qué estamos tan convencidas de que es eso lo mejor que merecemos.

Dice Kyle Os: "Una relación amorosa existe cuando un compañero no interfiere con el amor del otro hacia sí mismo".

Y yo agregaría que la verdadera razón de nuestra desesperación por estar con alguien es porque nos abandonamos a nosotras mismas cuando estamos solas.

El miedo

No soporto sufrir porque tengo miedo de volver-
me loca.
No soporto ser feliz porque tengo miedo de acos-
tumbrarme.
No soporto no ser feliz ni infeliz porque tengo
miedo de resignarme.
No soporto vivir porque tengo miedo de morirme.
No soporto morir porque tengo miedo de de-
saparecer.
No soporto no soportar porque tengo miedo de
obsesionarme.
No soporto ser así.

Me pregunto por qué le tendremos tanto respeto al
miedo.

Yo, más que respeto, le tengo pánico.

Pero si de todos los seductores que conozco ¡el miedo
es el más farsante!

No reconoce razas ni sexos.

Se disfraza de lo que haga falta, miente descarada-
mente, nos promete volvernos locos, suicidarnos, morir-
nos, fracasar, ¡cómo si él lo decidiera todo!

Es un omnipotente.

Y siempre, siempre se supone que viene a advertir-
nos de algún peligro mayor.

Pero nos engaña. No existe ningún peligro mayor
que él.

Cuando tengo miedo desconfío de mis pocas certezas.

Desconfío de las cosas que están bien.

Desconfío de haber estado bien alguna vez.

Estar bien también me da miedo.

¿O será que cuando estoy sin él lo extraño?

¿Será que he aprendido a confiar solamente en él porque lo considero el compañero más fiel... el que nunca me va a dejar por otra?

A veces pienso que deberíamos desmitificarlo, perderle el respeto, bajarlo de categoría, destituirlo, desenmascararlo.

Pero me da miedo.

Tal vez lo más prudente sea asumirlo como un compañero de camino, molesto pero inocuo, perseverante pero inofensivo.

Una especie de hijo bobo que habrá de estar con nosotros toda la vida, pero al que no se puede dejar que tome las decisiones.

Sobre todo teniendo en cuenta que también tememos lo que más deseamos.

¿Cómo reconocer el miedo si se disfraza de tantas cosas?

Hay un método infalible.

Todo lo que no es amor... es miedo.

Que él piense que está gorda.

Que él esté gordo.

Que le falle el diafragma.

Que a él le impresionen las estrías.

El momento de sacarse el corpiño.

Que le note la celulitis.

Estar peluda.

Que él no se enganche.

No poder.

Poder pero que a ella no le alcance.

Quedarse cortos.

Quedarse dormidos y tener que pagar seis turnos.

Quedar enganchados.

Cuando tenía 10 años me dejaron encerrado en un depósito de cadáveres. Pero me dejaron salir.

INGMAR BERGMAN

El miedo es la base de toda ignorancia que se precie.

ROBERTO ROSSELLINI

Le tengo miedo a la oscuridad y desconfío de la luz.

WOODY ALLEN

El miedo es el portero de la vida.

G. A.

Lo femenino y lo masculino

¿Saben por qué Dios creó primero al hombre y después a la mujer?
¡Porque después de crearlo a Adán se dio cuenta de que el hombre iba a necesitar ayuda!

La guerra de los sexos parece algo de nunca acabar, pero hay que reconocer que es porque tiene mucho jugo.

Aunque ya no se sepa bien quién es el exprimidor y quién el exprimido.

Pero es muy probable que la guerra de los sexos no la gane ninguno de los dos bandos. Hay demasiada confraternización con el enemigo.

En esta larga e impiadosa batalla, lo masculino y lo femenino aparecen como dos bandos totalmente separados y aparentemente irreconciliables.

Pero algo está cambiando, y tanto hombres como mujeres estamos caminando... a veces sin saberlo... hacia un nuevo lugar de armonía entre los sexos... que todavía no sabemos dónde queda.

Mi única duda es... mientras llegamos... ¿quedará algún títere con cabeza?

Reportaje a Adán y Eva

Periodista: ¿Y qué nos pueden decir de lo masculino y lo femenino?

Adán: Que a las mujeres no se las conforma con nada, ¡eso le digo! Mire que me costó una costilla de la cara casarme con ella. ¡Pero no hay caso! ¡Igual se queja!

Eva: ¿Y ahora qué me vas a decir? ¿Qué lo hiciste por amor? (*Al periodista*) ¡Necesitaba alguien que le lavara y le planchara las hojas de parra!

Periodista: ¿Es cierto eso, señor?

Adán: ¡Para nada! Ahí está esa pila de hojas de parra sucias que no me deja mentir.

Periodista: ¿Y entonces... por qué se casó con ella?

Adán: ¡Qué sé yo!... Quería alguien con quien conversar, que dijera cosas más interesantes que el loro y fuera menos peluda que la mona.

Periodista: ¿Y la señora en qué le falló?

Adán: ¡En las dos cosas! Además, por su culpa, papá nos expulsó y nos tuvimos que ir de un lugar divino.

Periodista: ¿Es cierto eso, señora?

Eva: ¡No! La verdad es que cuando estábamos allá él nunca me dio un mango, no teníamos casa propia, no tenía qué ponerme; él... no me tocaba ni con un palo, y encima me quería convencer de que eso... ¡era el paraíso terrenal!

* * *

Hasta hace algunos años, los conceptos de sexo y género eran sinónimos.

Pero no son lo mismo.

El sexo se refiere a un dato de la anatomía, mientras que el género abarca todos los factores psicológicos y emocionales que dependen en buena parte de los condicionamientos culturales.

Cuando nace un bebé, el sexo es el primer dato que lo identifica.

Pero a partir de ese momento se desata sobre esa pobre criatura un arsenal de mandatos antiquísimos que le dejan una idea muy clara de lo que se espera de ella, según sea varón o... chancleta.

Y así, los conceptos de lo femenino y lo masculino que hemos aceptado durante siglos como legados de la naturaleza resultaron un verso más de los tantos que nos hicieron.

El príncipe azul destiñe

Antes las mujeres para casarse
buscaban un marido ¡y listo!
Ahora se puso más difícil,
¡buscan un hombre!
MAITENA

Una de las frases más recurrentes en boca de las mujeres hoy en día es: "No hay más hombres".

Consultada al respecto, la doctora Diu —especialista indiscutida en el tema— nos ametralla con la siguiente reflexión: "¿Alguna vez los hubo?".

Creo que el tema merece que lo profundicemos un poco más, aun a riesgo de caer en una ciénaga.

Veamos ¿a qué se refieren las mujeres cuando afirman que no hay más hombres?

O mejor aún, empezando desde el principio... ¿qué es un hombre?

Según un cable de la agencia Fife, la mayoría de las mujeres quiere un hombre que sea:

SEDUCTOR PERO FIEL
GENEROSO PERO AHORRATIVO
MISTERIOSO PERO CONFIABLE
PODEROSO PERO OBEDIENTE
DIVERTIDO PERO SERIO
ROMÁNTICO PERO PRÁCTICO
DURO PERO BLANDO

La mayoría de las mujeres van a morir solteras, me parece.

Sigamos, dice Virginia de Capital: "¡Un hombre!... Para

mí un hombre es un alma gemela, mi media naranja, la horma de mi zapato, un ser maravilloso que será el padre de mis hijos, el abuelo de mis nietos y el tío de mis sobrinos. Ese compañero fuerte y todopoderoso que me comprenderá con una mirada, me consolará con un abrazo, me verá rubia, alta y con los ojos azules y me amará eternamente".

Sí, Virginia, y no te olvides de ponerle los zapatitos a los Reyes.

Cuando yo era adolescente, la única imagen de lo masculino era el Príncipe Azul.

Una especie de caballero de la mesa redonda que vendría a salvarme de mi encierro en una torre a la que custodiaba un dragón de siete cabezas.

Él llegaría en un caballo blanco para protegerme de todos los peligros, conducirme a todos los placeres y ocuparse de mí para siempre.

Tuve un príncipe azul que me destiñó al primer lavado, otro que se convirtió en sapo y otro que me protegió de todo, menos de sí mismo...

La imagen de lo masculino como el príncipe azul no se puede desligar de la imagen de lo femenino como una princesa indefensa.

Ya sea que fuéramos Bellas Durmientes, Cenicientas, Blancanieves, la llegada del príncipe era nuestra ÚNICA posibilidad de salvación.

Pero lo que nosotras no sabíamos era que de lo que vendrían a salvarnos era de nuestra propia condición femenina: la impotencia en cualquiera de sus formas.

Él era el único que tenía ese poder.

Toda vida anterior a su llegada no era vida, era espera.

Y así se podría sintetizar el rol que nos asignó la historia.

Ser mujer era estar en lista de espera.

Todos los acontecimientos de nuestra existencia eran sólo antesala de la llegada de Él.

La vida sin un hombre era como una vida en blanco y negro.

Y sólo el advenimiento del príncipe azul podría convertir la película a color.

¿Cómo no íbamos a ver azul al primer hijo de vecino que se nos cruzara por la puerta?

Y si con eso no era suficiente, allá íbamos con la brocha lista, dispuestas a pintarlos con nuestro deseo.

Y a seguir viéndolos azules aun cuando estuvieran rojos de ira o verdes de inmaduros.

Pero tanto el príncipe como la princesa son sólo imágenes, imposiciones culturales que —de tanto transitarlas— se han convertido casi en una segunda biología.

Pero no son biológicas.

Mucha agua ha pasado bajo los puentes levadizos desde entonces, pero yo alcanzo a ver, aún hoy, detrás del reclamo de las mujeres de que ya no hay hombres, la nostalgia por la pérdida del príncipe azul.

Tal vez la clave esté en la respuesta de uno de ellos, cuando yo le pedía una explicación acerca de por qué se presentó como el príncipe azul para terminar convertido en sapo.

"Porque —me contestó muy calmo— vos no eras la princesa, eras el dragón."

Pero las mujeres queremos TODO. Y si es posible, más.

Una cosa es que nosotras nos agrandemos.

Y otra —muy distinta— ¡es que ellos se achiquen!

avivando gilas

El último censo nos revela que el 43% de la población masculina de esta capital en edad de merecer es casado, otro 17% ya no ejerce, un 15% tiene otros planes para su vida sexual, con lo que nos quedaría un exiguo 25% de carne disponible.

Más que insuficiente teniendo en cuenta que de este 25% al 14% no hace mucho que su mami le sonaba los moquitos.

¿Y qué se desprende de esto?

¡Que más del 40,2% de las mujeres se queda sin la atención indispensable!

Es escalofriante el número de solteras que se queja de que la noticia sexual más relevante del último año fue que... ¡les salió bien el papanicolao!

A.M.A.M.I.

Asociación Mundial de Ayuda a la Mujer Insatisfecha, en su reciente informe nos indica —si en algo nos sirve de consuelo— que tener marido tampoco garantiza mucho.

Casi el 38% se queda dormido antes de que termine la transmisión de TV, un alarmante 22% sufre de impotencia irreversible, un 3,7% no puede porque le duele la cabeza y casi ¡¡¡atención!!! el 22,1% de los maridos rechaza a sus esposas, con su ya tradicional: "Salí, que tenés los pies fríos".

Teniendo en cuenta que el 80% de los hombres argentinos tiene los pies calientes y la cabeza fría, y el 94% de las mujeres los pies fríos y la cabeza caliente, yo me preguntaría...

¿Habrá alguna salida?

EL MACHISTA HA MUERTO.
¡VIVA EL HOMBRE!

Viniendo —como venimos— de una cultura patriarcal, en la que la palabra hombre es sinónimo de género humano, Dios es un señor de barba blanca que nos vigila desde lo alto, el jefe de la familia es el padre, y teniendo en cuenta que todos los insultos son femeninos, no es de extrañar que el nacimiento de una mujer haya sido tomado como un fracaso, no sólo por la familia, sino por la propia damnificada.

Nacer mujer era un poco como nacer argentino: ¡recién salidos del útero y ya con una deuda externa!

Pero lo que la historia se olvidó de contarnos era que los conceptos de lo femenino y lo masculino van mucho más allá de una simple división en mujeres y varones.

Dice Shakti Gawain:

"Internamente, cada persona es un balance completo de ser humano femenino y masculino, y es esto lo que nos permite expresar desde la más alta intuición a la más fuerte acción. Pero nuestra cultura nos ha enseñado a usar el potencial masculino de la acción para reprimir la voz femenina de la intuición, en lugar de sostenerla y expresarla. Este uso tradicional de la energía masculina es el machismo, y existe tanto en hombres como en mujeres".

Porque no todos los hombres son machistas, ni todos los machistas son hombres.

El machismo no es una conducta de los varones.

Es una ideología fuertemente arraigada en todos nosotros, fruto de la represión y gran depredadora de todo lo femenino de nuestra naturaleza.

Incluida la tierra.

En las culturas matrilineales, anteriores al patriarcado, no existía una palabra para el hombre separado de la naturaleza. El ser humano y la naturaleza eran uno.

En cambio, para el hombre patriarcal, la naturaleza es algo a lo que hay que dominar, someter, moldear.

Él no se siente parte, sino dueño, y es en el cuerpo de la mujer donde la naturaleza realiza su trabajo más espectacular.

No es descabellado suponer, entonces, que el hombre haya necesitado también adueñarse de ese milagro.

Y sin embargo hay una revolución cultural en marcha.

Son muchos los hombres y las mujeres que ya comprendieron que tenían que desarrollar dentro de sí todo su potencial de energías femenina y masculina, sin las cuales hemos sido seres incompletos.

Y si bien para la mujer no ha resultado fácil, ella ha tenido que desarrollar capacidades muy valorizadas por la sociedad, como ganar dinero, competir y hacerse más asertiva.

En cambio al hombre le está resultando más difícil, porque los atributos de su energía femenina que le toca desarrollar —ternura, sensibilidad, intuición, receptividad— están muy desvalorizados por nuestra cultura.

Históricamente, la única imagen del hombre que tenemos es la del machista.

Pero el machismo es un complejo de inferioridad.

Cuando más y más hombres superen ese estadio se sentirán merecedores de una nueva mujer, de relacionarse con una "igual".

Y si bien todavía hay muchos que lo único que pueden soportar es el amor y la admiración de un subalterno, es porque eso es lo máximo que creen que merecen, ya que el merecimiento es una cuestión de autoestima.

Y esto también vale para las mujeres.

La cultura machista está cimentada sobre el falo como símbolo del poder.

Por eso hoy, en pleno período D.C. (Después del Clítoris) cuando la ciencia nos confirma que el orgasmo femenino no depende del tamaño del pene, los hombres, en lugar de aliviarse, se repliegan.

Opina la doctora Diu: "Antes, la mayoría de las mujeres eran frígidas.

"Pero desde que descubrieron su derecho al placer, las cosas cambiaron mucho.

"¡Ahora también está lleno de impotentes!".

Personalmente creo que lo que *impotentiza* al hombre no es esta nueva mujer sino el derrumbamiento de la imagen que se forjó para sí mismo.

¡Enhorabuena!

El machista ha muerto.

¡Viva el hombre!

Un hombre nuevo para quien la fuerza no signifique violencia ni la compasión debilidad ni la paternidad un accidente ni la intimidad una amenaza; ya que habrá comprendido que la omnipotencia es sólo la impotencia venida a más.

Un hombre nuevo que podrá quitarle al sexo toda connotación de conquista, podrá admirar y respetar a una mujer sin por eso dejar de desearla, podrá compartir su vulnerabilidad sin temor al escarnio y podrá por fin amar sin dividirse.

Entonces, sólo entonces, conseguirá experimentar su enorme, su infinito poder.

Ese que ha estado buscando durante siglos, persiguiendo imágenes, construyendo imperios y cercenando una parte de sí mismo, ofreciéndola en holocausto para sostener el mito de la falocracia.

Un poder que estuvo siempre dentro suyo, pero al que pocas veces le permitió servirle de guía.

El poder del amor.

avivando gilas

Abrieron hoy en alza *los morochos de ojos verdes.*

Se encuentra saturada la oferta del *macho rubio teñido,* con lo cual sufren una baja del 49,2%.

El sector que menos evolucionó —registrando fuertes tendencias bajistas— es el del *macho latino,* ya que las mujeres están hartas de que no les den bola por una pelota.

Gana posiciones aceleradamente el *canoso con experiencia,* que registra un incremento del 7,3% ubicándose el macho hecho como una de las inversiones más estables.

Son alarmantes los niveles de macho menos que invaden el mercado desequilibrando la oferta.

Para terminar, los *machos fijos* sufren otra vez un fuerte deterioro, y el *macho a futuro* se encuentra completamente deprimido.

Esto es todo por hoy y recuerde, querida, en cuestiones de macho no timbee, averigüe.

Querida Dra.:

Yo fui criada para ser una buena señorita femenina y maternal. Desde niña aprendí a ser pasiva, dependiente y profundamente sentimental.

Afortunadamente, mi sensual belleza me ayudó a convertirme rápidamente en una caprichosa, una egoísta, una auténtica insegura.

Pero como no todo son pesares en la vida, tuve la suerte de desarrollar también un carácter alegre y superficial —rayano en la imbecilidad— que era más de lo que se esperaba de mí.

A los dieciocho años ya era todo lo encantadora y frígida que puede ser una histérica.

Sufrí como una loca, pero fui al analista, me tomé seis bidones de flores de Bach y me curé.

Ya nadie me ve como una histérica, es más, ni siquiera me ven muy femenina.

Ya no me pinto, ni voy a la peluquería.

Estoy bárbara pero soy sola.

El problema no es que ahora no me ven serena o aplomada.

El problema es que ya no me ven.

Querida Impotente de Lobería:

Tu desgarrador testimonio es la historia de millones de mujeres... ¡solas!

Pero yo en tu lugar me quedaría retranquila.

Lo más importante lo tenés resuelto.

Porque cuando una histérica elige dormir sola, seguramente dejó de ser frígida.

¡Lo difícil es encontrar con quién comprobarlo!

Dra. Diu

Dra. Diu:

Mi identidad sexual me ha dado muchos dolores de cabeza por lo que deduzco que debo ser fundamentalmente femenina.

Yo nací nena, pero —como ya tenía seis hermanas— mi padre amenazó a mamá con no reconocerme si no era varón, así que me pusieron Carlos y me vistieron de celeste.

Si bien de niña jugaba al rugby y me partía el labio a trompadas regularmente, siempre me trataron como a un mariquita.

Ya adolescente, la persecución fue imposible.

La mitad de la gente me cargaba y la otra mitad me quería cargar.

Huí de mi casa y retomé mi verdadera naturaleza.

Me puse Carlota y me compré medias rosas.

Pero entonces me dijeron que era poco femenina.

A esta altura no encuentro diferencias —salvo las palpables— entre lo femenino y lo masculino. Pero escuché decir por ahí que la diferencia está dada por el tamaño del cerebro. ¿Es cierto Dra. que las mujeres lo tenemos más chico?

Mi querida Desorientada:

Nunca te dejes guiar por las teorías de los hombres acerca de nada.

Ellos viven obsesionados por el tamaño.

Esta teoría del cerebro más chico está tan antigua que no me sorprendería que la haya inventado un dinosaurio.

Si el tamaño del cerebro fuera lo que determina la inteligencia, las ballenas serían los seres más inteligentes del planeta.

Y sin embargo el mosquito, que tiene uno de los cerebros más chicos que existen... ¡es mucho más inteligente que la mayoría de los hombres!

Dra. Diu

191

Porque lo escucha durante horas sin dormirse.

Porque es rubia.

Porque no habla.

Porque no toma de la botella.

Porque no deja por ahí esas cosas.

Porque se deja.

EL HEMISFERIO FEMENINO

Hay un hemisferio por descubrir, un nuevo espacio por explorar, un vastísimo universo se abre ante nosotros; el hemisferio de lo femenino.

Un poderoso y desconocido universo que hoy abre sus puertas a la luz de la nueva ciencia, que nos confirma que hemos estado funcionando prácticamente con la mitad de nuestro cerebro: el hemisferio izquierdo.

Y que ¡oh paradoja! ese hemisferio representa a la energía masculina, que es la que rige el razonamiento, la acción, la dirección, etcétera.

El hemisferio derecho —intuición, visión, receptividad, emoción— ha estado completamente desvalorizado por nuestra cultura, y ¡oh paradoja! es el que representa a la energía femenina.

El desarrollo de nuestro hemisferio derecho con todos sus atributos es fundamental para nuestro equilibrio como seres humanos.

O sea, el desarrollo de nuestra energía femenina.

Y ¡oh paradoja de las paradojas! no es patrimonio de las mujeres.

Cuántas veces hemos escuchado de boca de nuestra sociedad racionalista que sólo estábamos usando una parte de nuestro cerebro.

Pero nuestro hemisferio derecho estaba allí, mandándonos desesperados mensajes de atención, en forma de sentimientos, intuiciones, sueños, premoniciones, mensajes que no quisimos escuchar porque no los considerábamos importantes.

No los considerábamos "cerebro".

Hoy en día, con una confirmación de la Diosa Ciencia, estamos aprendiendo no sólo a escuchar esas voces, sino a reconocerlas como nuestras guías, nuestra puerta a la más alta sabiduría.

Es la voz de nuestra intuición, e intuir quiere decir "lo que ya sabe".

Pero el hemisferio derecho se manifiesta a través de símbolos, de sensaciones, de sentimientos, no tiene un lenguaje verbal.

Es el hemisferio izquierdo el encargado de decodificarlo y —una vez hecho esto— actuar en consecuencia.

Al haber estado durante tanto tiempo actuando sólo con el hemisferio izquierdo hemos creado un mundo que ha sobrevaluado la acción en sí misma, desprovista de un sentimiento profundo que la sustente.

Y la acción guiada sólo por el ego, por el razonamiento sin emoción, nos ha llevado a la competencia y a la guerra.

Es urgente en nuestro planeta el desarrollo de nuestro potencial femenino.

Por eso mismo, la revolución de la mujer, su nueva voz en todos los ámbitos de la cultura, no es un movimiento partidario.

Es una necesidad ecológica.

Es el universo reordenándose en busca de equilibrio.

Cuando el ser humano —ya sea varón o mujer— sea capaz de escuchar a su intuición como guía y logre actuar en consecuencia, el resultado no podrá ser otro que la armonía.

Y entonces sí, toda acción cobrará sentido.

Por eso no creo que las mujeres y los hombres debamos seguir luchando por las tajadas de un mundo dividido.

Porque ha llegado la hora de crear juntos un mundo nuevo.

* * *

Una vez igualadas a los hombres, las mujeres se vuelven superiores.

SÓCRATES

No impresione mucho a una mujer con su masculinidad. Después le exigirá que mantenga ese nivel por el resto de su vida.

W. C. FIELDS

Más vale un macho en casa que dos en la calle.

MAE WEST

Cada vez que una mujer se comporta como un ser humano se dice que imita al varón.

SIMONE DE BEAUVOIR

Es imposible alcanzar la paz y el equilibrio en una sociedad donde las relaciones entre los sexos están desequilibradas.

ASHLEY MONTAGU

Epílogo

Somos hijos de una cultura que nos ha hecho amigos del miedo y desconfiados del amor.

Que ha apostado a reprimir toda una parte de nosotros, creyendo que —al negarla— desaparecería.

Pero lo reprimido no desaparece.

Fermenta adentro y rebrota en enfermedades del cuerpo y del alma.

Y también fermenta afuera, en enfermedades del cuerpo social.

Como el sida.

Nunca como ahora existió un flagelo que representara tan claramente las consecuencias de una cultura fragmentada.

Que ha separado al hombre de la naturaleza
a lo masculino de lo femenino
al corazón de la cabeza
al cuerpo del alma.

Parece que la humanidad ha necesitado esta manera tan brutal de recordarse a sí misma que no existe la separación.

Que estamos interrelacionados de una manera absoluta.

Que cada acción individual afecta al todo.

Para bien y para mal.

Y que el amor ya no puede quedar sólo en manos de los poetas.

Porque es nuestra única posibilidad de supervivencia.

Es cierto que hemos quedado todos profundamente heridos.

Pero no es cierto que no exista un lugar de encuentro.

Podemos encontrarnos en la herida.

La guerra de los sexos acabó. Volvamos a casa.

POSDATA: LA MUJER QUE AL HUMOR NO SE ASOMA...

Estaba el pueblo de Orphalese reunido en la plaza alrededor de su Maestra.

Y entonces se acercó Almitra y dijo:

Maestra, antes de que nos dejes, háblanos con el don de tu verdad.

Largo es el camino que nos espera y grandes los peligros que acechan. Háblanos del conocimiento de sí mismo.

Y ella respondió:

Infinitos son los caminos del autoconocimiento, mas yo os recomiendo el sendero del humor.

Porque aquel que eligiere reírse de sí mismo es abandonado de la arrogancia del ego y liberado del peso de creer ser el centro del Universo. Aquellos que seáis capaces de reíros de vuestra aflicción conoceréis la puerta para salir de la casa del dolor.

Y de la misma copa que llenasteis con vuestras lágrimas brotará hasta saciaros el néctar de vuestras risas.

Porque el humor os cambia el color de la lente con que observáis la vida y el regocijo de vuestro corazón os hará comprender que cambiar la lente es cambiar la vida.

Y Almitra, anhelante, le preguntó:

Dinos, Maestra, ¿cómo se hace para desarrollar tan preciado don?

Y ella respondió:

¡Ah!... ¡Yo qué sé!

ÍNDICE

Composición de originales
Gea 21

Esta edición de 3.000 ejemplares
se terminó de imprimir en
La Prensa Médica Argentina,
Junín 845, Buenos Aires,
en el mes de abril de 1999.